पॉडकास्टिंग कैसे करें?

नये पॉडकास्टर्स के लिये संपूर्ण मार्गदर्शिका

देबाशीष चक्रबर्ती

पॉडभारती
PODBHARATI

Title: Podcasting *kaise karein*?
Sub-Title: *Naye* podcasters *ke liye sampoorrna maargdarshika*
Author: Debashish Chakrabarty (https://debashish.com)
Publisher: Podbharati.com
ISBN: 978-93-342-9239-8
First Published: April 2025
MRP: ₹399.00

This publication is available for purchase at the following places:

- **eBook**: https://leanpub.com/how-to-podcast-hindi-guide (Leanpub) and https://www.amazon.com/dp/B0F7HVDVHD (Amazon)
- **Paperback**: https://bit.ly/how-to-podcast-pothi (Powered by Pothi.com)

मेरी जीवन संगिनी मिताली के लिये

विषय सूची

***

प्राक्कथन

कल्पना कीजिए कि आप अपने ड्राइंग रूम में चाय की चुस्कियों के बीच अपने मित्र के साथ किसी ऐसे विषय पर गहन वार्तालाप कर रहे हैं। फिलहाल तो यह चारदीवारी में बंद निजी गपशप है। अब कल्पना कीजिए कि हज़ारों लोग उस वार्तालाप को सुनना चाहते हों। क्या यह अवास्तविक लगता है? दरअसल, यही पॉडकास्टिंग है। पॉडकास्टिंग आपको अपनी आवाज़ को एक ऐसे माध्यम में परिवर्तित करने का अवसर प्रदान करती है जो शिक्षित भी करता है और मनोरंजन भी प्रदान करता है।

चित्र 1: हज़ारों लोग दूसरों के गहन व रुचिकर वार्तालाप को सुनने के उत्सुक रहते हैं

वे दिन बीत चुके हैं जब केवल रेडियो स्टेशन ये तय करते थे कि किसे सुना जाएगा। आज, एक लैपटॉप, एक बुनियादी माइक्रोफोन (या यहां तक कि आपका फोन भी), और निशुल्क उपकरणों के साथ, आप अपना स्वयं का निजी रेडियो ब्रॉडकास्टिंग नुमा प्रकल्प बना सकते हैं। चाहे आप उद्यमिता, मानसिक स्वास्थ्य, बॉलीवुड की *गॉसिप*, या क्रिकेट पर चर्चा करना चाहते हों, पॉडकास्टिंग आपको एक व्यापक मंच प्रदान करती है। और इसे सुनने वालों की तादाद करोड़ों में है। केवल अंग्रेजी नहीं, बल्कि हर देशीय व प्रांतीय भाषा में।

पॉडकास्ट सिर्फ़ सात सालों में रेडियो जितना ही लोकप्रिय हो गये हैं। दरअसल 13-64 वर्ष की आयु के लोगों के लिए, पॉडकास्ट अब रेडियो से ज़्यादा लोकप्रिय हैं।

दुनिया भर में अब 42 लाख से ज़्यादा पॉडकास्ट हैं, जिनमें हर तीन दिन में एक लाख से ज़्यादा नए पॉडकास्ट प्रकाशित होते हैं। 2023 में 45 करोड़ से ज़्यादा लोगों ने पॉडकास्ट सुना, और 2026 तक यह संख्या 62 करोड़ तक पहुँचने की उम्मीद है। भारत में लगभग 2.5 करोड़ लोग प्रतिदिन कम से कम एक पॉडकास्ट सुनते हैं। साथ ही, पॉडकास्ट सुनने में प्रति सप्ताह बिताया जाने वाला औसत समय लगभग 7.5 घंटे है।

भारतीय पॉडकास्ट बाजार का मूल्य 2024 में लगभग 560 मिलियन अमरीकी डॉलर (~4,700 करोड़ रुपये) था और 2033 तक, 25.5% की बढ़त दर से, इसके 4.25 बिलियन अमरीकी डॉलर (~36,000 करोड़ रुपये) तक पहुँचने का अनुमान है।

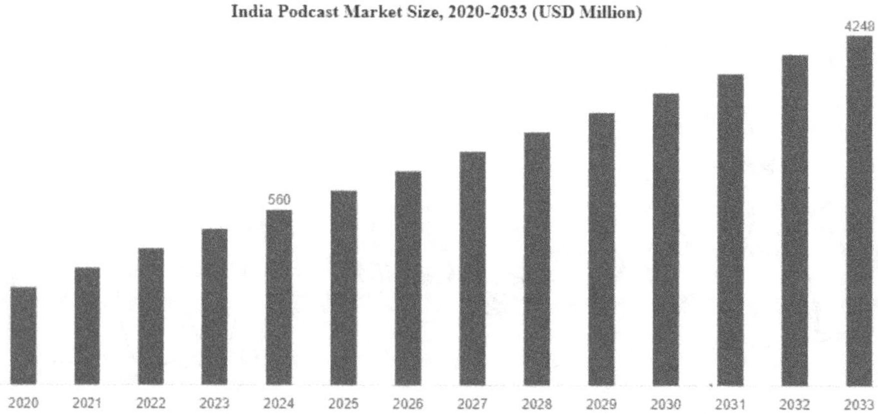

चित्र 2: भारतीय पॉडकास्ट बाजार का मूल्य (स्रोत: https://www.astuteanalytica.com/)

अनुमान है कि भारतीय पॉडकास्ट सामग्री में क्षेत्रीय भाषा की सामग्री का हिस्सा 85% है। हिंदी 45% बाजार हिस्सेदारी के साथ सबसे आगे है, उसके बाद अन्य क्षेत्रीय भाषाएँ (43%) और अंग्रेजी (12%) हैं।

इस विकास के पीछे कारण यह है कि भारत में 75 करोड़ से अधिक स्मार्टफोन उपयोगकर्ताओं ने पॉडकास्ट उपभोग के लिए मोबाइल को प्राथमिक माध्यम बना लिया है। कम लागत वाली *डेटा* योजनाओं ने *स्ट्रीमिंग ऑडियो* तक पहुँच का विस्तार किया है, खासकर छोटे शहरों और ग्रामीण इलाकों में। सामग्री में भी

विविधता आई है: समाचार और शिक्षा से आगे बढ़कर कॉमेडी, ट्रू *क्राईम*, संस्कृति, वगैरह विस्तार पा रही हैं।

पॉडकास्ट क्यों आरंभ करें?

तो इस पुस्तक के बहाने जिस बड़े प्रश्न पर हम विचार कर रहे हैं, वो है कि आपको पॉडकास्टिंग भला क्यों करना चाहिए? मेरे हिसाब से कारण निम्न हैंः

1. यह बिना एक भी रुपया खर्च किए आरंभ किया जा सकता है

यूट्यूब के विपरीत, पॉडकास्टिंग शुरु करने के लिए न के बराबर चीज़ों की आवश्यकता होती है। महंगे कैमरों, प्रकाश व्यवस्था और संपादन सॉफ्टवेयर के बारे में भूल जाइए। किसी तरह की तामझाम की आवश्यकता नहीं है। आपको बस चाहिये आपका लैपटॉप और कुछ निःशुल्क अनुप्रयोग (जैसे कि ऑडेसिटी) और पॉडकास्ट तैयार!

पॉडभारती के प्रारंभिक एपिसोड हमने ऐसे ही पूर्णतः मुफ्त बुनियादी उपकरणों पर बनाये थे, और सोचिये वो बात थी 2007 की। जब पॉडकास्ट बनाना तब इतना आसान था, तो अब *आर्टिफिशल इंटेलिजेंस* (एआई) के ज़माने में तो ये चुटकियों के खेल है।

2. आपकी आवाज़, आपके नियम

पारंपरिक मीडिया के विपरीत, पॉडकास्टिंग पूरी तरह से आपके नियंत्रण में है। आप स्वयं ये निर्णय लेते हैं कि

- विषय क्या हो (जो कि कुछ भी हो सकता हैः वित्त, दर्शनशास्त्र, दांपत्य संबंध, या यहां तक कि *एलीयंस* भी!)
- अंक यानि एपिसोड कितने लंबे होने चाहिए (5 मिनट या 2 घंटे, यह आप पर निर्भर है)
- अंक कब जारी करने हैं (दैनिक, साप्ताहिक, मासिक, या केवल तब जब प्रेरणा मिले)
- प्रारूप क्या हो? (एकल, सामूहिक चर्चा, ऑडियो या वीडियो, वगैरह)

- होस्टिंग कहाँ की जाय? (निजी वेबसाइट पर, या स्पाटिफाई जैसे मुफ्त प्लेटफॉर्म पर, यूट्यूब पर, वगैरह)

पुलियाबाज़ी [1] हिंदी पॉडकास्ट है जहां प्रणय कोटस्थने और सौरभ चंद्र भारतीय राजनीति और नीति पर चर्चा करते हैं। वे गंभीर विषयों को हास्य के साथ मिश्रित करते हैं, जिससे जटिल विचारों को समझना मनोरंजक बन जाता है। ये विषय उनकी रुचि और व्यवसाय से जुड़े हैं, पर वे मेहमानों के माध्यम से विषयों में विस्तार भी ला पाते हैं।

3. लोग वाकई पॉडकास्ट सुन रहे हैं (आंकड़े झूठ नहीं बोलते)

पॉडकास्ट केवल एक क्षणिक प्रवृत्ति नहीं हैं। विश्व के अव्वल नंबर के पॉडकास्टर **जो रोगन** मानते हैं कि, "पॉडकास्टिंग एक समर्पित और वफादार दर्शक वर्ग बनाने का एक शानदार तरीका है।" ज़रा इन आंकड़ों पर नज़र डालिए:

- अमेरिका और चीन के बाद, भारत दुनिया का तीसरा सबसे बड़ा पॉडकास्ट उपभोग करने वाला देश है।
- 85% पॉडकास्ट श्रोता पूरा एपिसोड सुनते हैं (इसकी इस बात से तुलना करें कि आप कितनी बार यूट्यूब या इंस्टाग्राम पर वीडियो कुछ मिनट देखकर ही आगे बढ़ जाते हैं)।
- स्पॉटिफाई, एप्पल पॉडकास्ट्स, वगैरह पॉडकास्टिंग में लाखों का निवेश कर रहे हैं, जो दर्शाता है कि यह भविष्य का संवाद माध्यम है।

इसका आपके लिए अर्थ है कि यदि आप आज एक पॉडकास्ट शुरू करते हैं, तो आपके पास एक विशाल श्रोतावर्ग है जिसका आप लाभ उठा सकते हैं।

4. पॉडकास्टिंग प्राधिकार और प्रभाव बनाने में सहायता करती है

क्या आप किसी क्षेत्र में विशेषज्ञ के रूप में जाने जाना चाहते हैं? पॉडकास्टिंग आपको अपना व्यक्तिगत ब्रांड बनाने में मदद करती है। यदि आप लगातार किसी

विषय पर बात करते हैं, तो लोग आपको उस क्षेत्र में एक विशेषज्ञ के रूप में देखते हैं। यह निम्नलिखित अवसरों की ओर ले जा सकता है:

- विभिन्न कार्यक्रमों में संबोधन के निमंत्रण (TEDx के बारे में क्या ख्याल है?)
- पुस्तक अनुबंध (यदि आप कभी लिखना चाहते हैं)
- उद्योग के जाने माने लोगों से नेटवर्किंग

कभी उद्यमी रहे अंकुर वारिकू ने अपना पॉडकास्ट **"वॉइस विद वारिकू"** [2] आत्म सुधार पर अपनी सामग्री के विस्तार के रूप में शुरू किया। आज, वह एक बेस्टसेलिंग लेखक, कोच और शीर्ष इंफ्लुएंसर हैं।

5. आप धन अर्जित कर सकते हैं

कई लोग मानते हैं कि पॉडकास्टिंग केवल एक शौक है, लेकिन यह एक वैध आय स्रोत भी हो सकता है। 50% से ज़्यादा मार्केटर्स अब अपने दर्शकों तक पहुँचने के लिए पॉडकास्ट का इस्तेमाल करते हैं।

हालांकि मैं आपको गलत सपने नहीं दिखाना चाहता, पर यदि आपका पॉडकास्ट लोकप्रिय हो जाता है तो कमाई के ये ज़रिये आपको मिल सकते हैं:

- प्रायोजन/विज्ञापन (विभिन्न ब्रांड उनके बारे में बात करने के लिए आपको भुगतान करते हैं)
- क्राउडफंडिंग1 (दर्शक/श्रोता *पेट्रियन* के माध्यम से आपका समर्थन करता है)
- अफिलियेट मार्केटिंग2 (उत्पादों का प्रचार करें और कमीशन अर्जित करें)

अध्याय 6 में हम इस पर विस्तार से चर्चा करेंगे।

---

[1] क्राउडफंडिंग का मतलब है किसी नए व्यवसाय या उपक्रम को वित्तपोषित करने के लिए सोशल मिडिया द्वारा बहुत लोगों से थोड़ा थोड़ा धन जुटाना।

[2] अफिलिएट मार्केटिंग एक विज्ञापन मॉडल है, जिसमें कोई कंपनी विभिन्न प्रकाशकों को कंपनी के उत्पादों और सेवाओं के लिए ट्रैफ़िक/लीड उत्पन्न करने के लिए मुआवज़ा देती है।

यह पुस्तक आपकी कैसे सहायता करेगी

यह पुस्तक आपकी शून्य अनुभव के साथ एक पॉडकास्ट आरंभ करने की 101 मार्गदर्शिका है। चाहे आप एक छात्र हों, एक पेशेवर हों, या सेवानिवृत्त हों, इस पुस्तक के अंत तक, आपका अपना पॉडकास्ट चालू हो चुका होगा, ये हम शर्तिया कह सकते हैं।

जब अपना पॉडकास्ट बना लें तो लेखक को podbharati@gmail.com पर ज़रूर बतायें। हम उसका ज़िक्र अपनी न्यूज़लेटर पत्रिका **"पॉडकास्ट परिक्रमा"** [3] में अवश्य करना चाहेंगे।

इस पुस्तक में हम निम्नलिखित विषयों को कवर करेंगे:

- अपना पहला पॉडकास्ट एपिसोड कैसे रिकॉर्ड करें
- इसे पेशेवर ध्वनि देने के लिए संपादन युक्तियाँ
- अपने पॉडकास्ट को निःशुल्क कहाँ प्रकाशित करें
- अपने पॉडकास्ट दर्शकों का विपणन और विकास कैसे करें
- अपने पॉडकास्ट से धन कैसे कमाएँ

इस पुस्तक का आखिरी पृष्ठ पलटने तक आप खुद को आत्मविश्वास के साथ अपना पहला एपिसोड लॉन्च करने के लिए तैयार पायेंगे। आइए आरंभ करें, आपके श्रोता आपकी बाट जोह रहे हैं!

ध्यान दें: इस पुस्तक में कई स्थानों पर आप चौकोर कोष्टकों में वर्णित संख्या देखेंगे, जैसे कि [5]। ये दरअसल संदर्भ क्रमांक हैं जिसका विवरण अथवा जालपता आपको पुस्तक के अंत में "संदर्भ" विभाग में मिल सकेगा।

***

लेखक परिचय

चित्र 3: इस पुस्तक के लेखक व पॉडकास्टर देबाशीष चक्रवर्ती

पुणे, भारत के निवासी देबाशीष चक्रवर्ती पेशे से एक तकनीकी प्रोग्राम प्रबंधक हैं। विगत 24 वर्षों में वे वेबदुनिया, पटनी, कैपजैमिनी, एक्सेंचर व अमेज़ान जैसी कंपनियों के लिये काम कर चुके हैं। पर इसके इतर वे विभिन्न भूमिकायें निभाते रहे हैं, जैसे कि अजाइल कोच, पॉडकास्ट होस्ट, यूट्यूब कंटेंट क्रियेटर, अनुवादक, लेखक व वॉयेस ओवर कलाकार [4], इत्यादि।

वे एक ऐसे व्यक्ति के रूप में जाने जाना चाहते हैं जो अथक नए विचारों को तलाशता है और उन्हें विभिन्न माध्यमों से साझा करना पसंद करता है जो सभी के लिए सार्थक हो।

देबाशीष 2002 से अंग्रेजी और हिंदी में ब्लॉगिंग करते रहे हैं और भारत के अग्रणी हिन्दी चिट्ठाकारों में शुमार हैं। उन्होंने भारत के पहले (और एकमात्र) देसी ब्लॉग अवार्ड **इंडीब्लॉगीज़** [5], पहले हिंदी ब्लॉग एग्रीगेटर **चिट्ठा विश्व** [6], हिंदी वेबजीन **निरंतर** [7] और **सामयिकी** [8] और हिंदी पॉडकास्ट प्लेटफॉर्म **पॉडभारती** [9] की स्थापना की।

देबाशीष ने कई सॉफ्टवेयर्स के हिन्दी स्थानीयकरण में योगदान दिया है। उन्होंने कई सामुदायिक मंचों की स्थापना में भी योगदान दिया जैसे कि **बुनो कहानी** [10] (एक समूह ब्लॉग जहां विभिन्न लेखक सचमुच एक कहानी बुनते हैं) और **अनुगूंज** [11] (हिंदी ब्लॉगर्स द्वारा आयोजित एक वेब इवेंट, जहां विभिन्न ब्लॉगर किसी दिए गए विषय पर लिखते हैं)। एक स्वयंसेवी के रूप में उन्होंने *ग्लोबल वॉयसेज़ आनलाईन*

के हिन्दी संस्करण [12] की भी स्थापना की जहाँ वे 190 से अधिक लेखों का हिन्दी अनुवाद कर चुके हैं।

संप्रति वे **पॉडकास्ट परिक्रमा** [13] और **द एजाइल क्रॉनिकल्स** [14] नामक न्यूज़लेटर प्रकाशित करते हैं और कई यूट्यूब चैनल भी चलाते हैं जिनमें पॉडभारती [15] शामिल है।

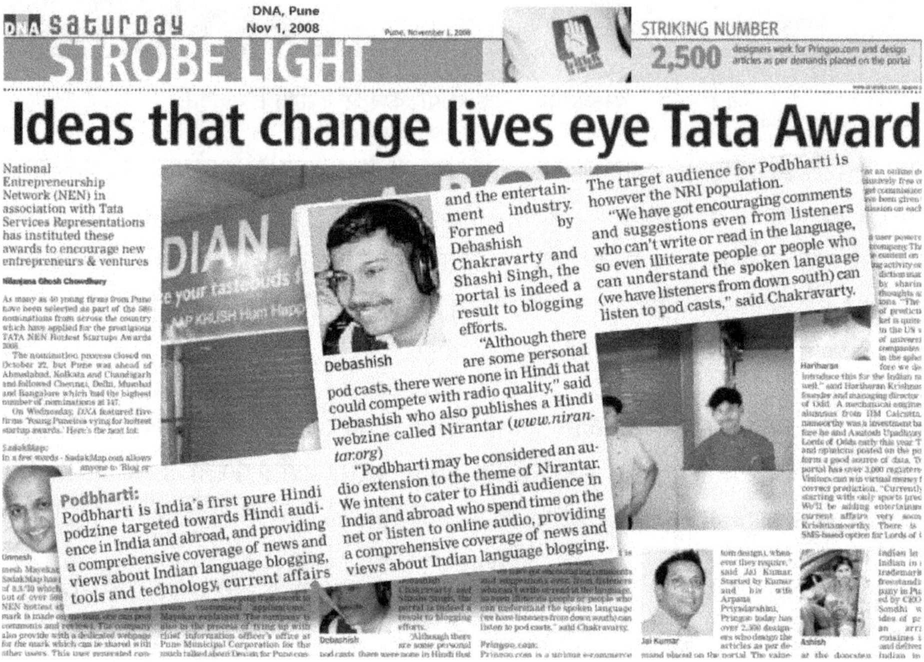

DNA Saturday
DNA, Pune
Nov 1, 2008
STROBE LIGHT
STRIKING NUMBER
2,500 designers work for Pringoo.com and design articles as per demands placed on the portal

Ideas that change lives eye Tata Award

National Entrepreneurship Network (NEN) in association with Tata Services Representations has instituted these awards to encourage new entrepreneurs & ventures

Debashish

...and the entertainment industry. Formed by Debashish Chakravarty and Shashi Singh, the portal is indeed a result to blogging efforts.

"Although there are some personal pod casts, there were none in Hindi that could compete with radio quality," said Debashish who also publishes a Hindi webzine called Nirantar (*www.nirantar.org*)

"Podbharti may be considered an audio extension to the theme of Nirantar. We intent to cater to Hindi audience in India and abroad who spend time on the net or listen to online audio, providing a comprehensive coverage of news and views about Indian language blogging.

The target audience for Podbharti is however the NRI population.

"We have got encouraging comments and suggestions even from listeners who can't write or read in the language, so even illiterate people or people who can understand the spoken language (we have listeners from down south) can listen to pod casts," said Chakravarty.

Podbharti:
Podbharti is India's first pure Hindi podzine targeted towards Hindi audience in India and abroad, and providing a comprehensive coverage of news and views about Indian language blogging, tools and technology, current affairs

चित्र 4: DNA अखबार में लेखक द्वारा निर्मित पॉडभारती वेबसाइट का 2008 के टाटा नेन हॉटेस्ट स्टार्टअप प्रतियोगिता में नामित होने का ज़िक्र

लेखक से संपर्क करने का पता हैः podbharati@gmail.com.

***

1 पॉडकास्टिंग क्या है और क्यों महत्वपूर्ण है

आखिर है क्या बला ये पॉडकास्टिंग?

यदि आपने कभी रेडियो कार्यक्रम, *टेड टॉक*, या *ऑडियो बुक* सुना है, तो बधाई हो, आप पहले से ही पॉडकास्टिंग के सार को समझते हैं!

सरल शब्दों में कहें तो पॉडकास्ट इंटरनेट पर उपलब्ध ऑडियो रिकॉर्डिंग की एक श्रृंखला है, जिसे लोग कभी भी, कहीं भी सुन सकते हैं। रेडियो के विपरीत, जहां आपको एक निश्चित समय पर *ट्यून* करना पड़ता है, पॉडकास्ट मांग पर उपलब्ध होते हैं। कुछ कुछ नेटफ्लिक्स की तरह, परंतु आपके कानों के लिए।

"पॉडकास्ट" एक पोर्टमैंट्यू[3] हैः *आईपॉड* (एप्पल का प्रतिष्ठित संगीत प्लेयर) और *ब्रॉडकास्ट* (जैसे रेडियो प्रसारण) से बना। इस शब्द को पहली बार 2004 में ब्रिटिश पत्रकार **बेन हैमरस्ले** ने द गार्जियन के लिए एक लेख [16] में गढ़ा था, जहाँ उन्होंने रेडियो शैली के डाउनलोड किये जा सकने वाले शो के उदय पर चर्चा की थी। हालाँकि, श्रव्य कथावाचन की अवधारणा बहुत पहले से चली आ रही है। 20वीं सदी की शुरुआत में पुराने समय के रेडियो नाटकों (मसलन विविध भारती पर हवामहल) या 1980 के दशक में कैसेट आधारित *टॉक शो* के बारे में सोचें।

पॉडकास्ट के खेल में असली बदलाव RSS फ़ीड [17] के साथ आया, जिससे लोगों को ब्लॉग पोस्ट की तरह ही डिजिटल ऑडियो फ़ाइलों को *सब्सक्राईब* करने की सुविधा मिली। 2005 में जब Apple ने iTunes में पॉडकास्ट को शामिल किया, तो इस माध्यम में बहुत तेज़ी से उछाल आया। आज, पॉडकास्टिंग अपनी जड़ों से कहीं

---

[3] एक शब्द जो दो ध्वनियों को मिश्रित करके बनता है तथा उनके अर्थों को जोड़ता है, उदाहरण के लिए *ब्रेकफास्ट* और *लंच* को मिला कर बना शब्द *ब्रंच।*

अधिक फैल चुकी है, और ऑडियो और वीडियो फॉर्मेट, स्वतंत्र *क्रिएटर* और अरबों डॉलर के नेटवर्क के रूप में विस्तृत हो चुकी है।

पॉडकास्ट के मूलभूत तत्व

पॉडकास्टिंग आपको उन चीजों के बारे में बात करने की आजादी देता है जिनके बारे में आप संजीदा हैं, बगैर किसी *सेंसरशिप* या बंधन के। एक पॉडकास्ट में सामान्यतः शामिल होते हैं:

एक मेज़बान — वह आप हैं! वह व्यक्ति जो बोलता है, अतिथियों का साक्षात्कार लेता है, या कहानियों का वर्णन करता है।

एपिसोड — प्रत्येक पॉडकास्ट में कई अंक यानि एपिसोड होते हैं, ठीक टेलीविज़न श्रृंखला की तरह। टीवी की ही तरह आजकल विभिन्न सीजन्स में भी जारी होते हैं।

एक विषय — यह कुछ भी हो सकता है, आत्मसुधार, वित्त, इतिहास, या यहां तक कि भूत कहानियां भी।

एक प्लेटफॉर्म — पॉडकास्ट स्पॉटिफाई, एप्पल पॉडकास्ट्स, जैसे प्लेटफॉर्म पर उपलब्ध होते हैं।

पॉडकास्टिंग ऑडियो परिदृश्य को कैसे बदल रही है

पॉडकास्टिंग केवल मनोरंजन नहीं है, यह सामग्री उपभोग में एक क्रांति है।

- **निर्माताओं के लिए:** यह एक व्यक्तिगत ब्रांड बनाने, ज्ञान साझा करने, और समान विचारधारा वाले लोगों से जुड़ने का एक तरीका है।
- **श्रोताओं के लिए:** यह आफिस आते जाते समय, खाना पकाते समय, या व्यायाम करते समय सीखने का एक सहज तरीका है।
- **व्यवसायों के लिए:** यह एक नया विपणन उपकरण है, ब्रांड्स पॉडकास्ट प्रायोजन में बड़ी राशि का निवेश कर रहे हैं!

आइये देखें कि ब्लॉगिंग और यूट्यूब पर वीडियो प्रकाशन की तुलना में पॉडकास्टिंग की क्या खासियतें हैं।

खासियत	पॉडकास्टिंग	यूट्यूब	ब्लॉगिंग
वीडियो की आवश्यकता है?	नहीं	हाँ	नहीं
महंगा सेटअप?	नहीं	हाँ	नहीं
शुरू करना आसान?	हाँ	नहीं	हाँ
अन्य काम करते हुए देख/सुन सकते हैं?	हाँ	नहीं	नहीं
व्यक्तिगत कनेक्शन?	हाँ	हाँ	नहीं

सारणी 1: पॉडकास्टिंग की खासियतें

माइक्रोफोन में बोलने के परे

पॉडकास्ट कई प्रकार के होते हैं, और सही प्रकार का चयन आपका पहला बड़ा निर्णय है। आइए वास्तविक उदाहरणों के साथ सामान्य पॉडकास्ट प्रारूपों के बारे में जानते हैंः

एकल पॉडकास्ट (एकालाप शैली)

यहाँ होस्ट के रूप में केवल आप और माइक्रोफोन है। यह प्रारूप उत्तम है यदि आप अपनी सोच, अंतर्दृष्टि, व्यक्तिगत कहानियां, या विशेषज्ञता को बिना किसी सह मेज़बान की आवश्यकता के साझा करना पसंद करते हैं। यह अंतरंग प्रारूप न केवल श्रोताओं के साथ गहन चर्चा और एक मजबूत व्यक्तिगत संबंध बनाने के लिये सर्वोत्तम है बल्कि विशिष्ट विषयों पर अपनी *थॉट लीडरशिप*[4] दर्शाने के लिए भी आदर्श है।

उदाहरणः सद्गुरुज़ पॉडकास्ट [18] (भारत) - योगी और रहस्यवादी सद्गुरु द्वारा होस्ट किया गया यह पॉडकास्ट 2009 से चल रहा है। 2500 से ज़्यादा एपिसोड के साथ, यह आध्यात्मिक ज्ञान और जानकारी साझा करता है, जो इसे भारत के सबसे प्रभावशाली पॉडकास्ट में से एक बनाता है।

4 एक थॉट लीडर किसी खास क्षेत्र में विशेषज्ञ होता है जिससे उस उद्योग में अन्य लोग अक्सर मार्गदर्शन और अनूठे विचारों के कारण मुतासिर रहते हैं।

साक्षात्कार पॉडकास्ट

सबसे लोकप्रिय प्रारूपों में से एक, मेज़बान अतिथियों को अपनी विशेषज्ञता, अनुभव, या कहानियां साझा करने के लिए आमंत्रित करते। यह प्रारूप मेहमानों की विविधता से निखरता है और इसमें व्यवसाय से लेकर मनोरंजन तक लगभग किसी भी विषय को कवर कर सकता है। होस्ट और मेहमान के बीच तालमेल सामग्री को सामयिक और आकर्षक बनाए रखती है।

उदाहरण: द जो रोगन एक्सपीरियंस [19] (संयुक्त राज्य अमेरिका), इस शो में मेज़बान जो रोगन प्रसिद्ध हस्तियों, वैज्ञानिकों, और विचारकों के साथ साक्षात्कार करते हैं। ये पॉडकास्ट अपनी *अनस्क्रिपटेड* और यदा कदा विवादास्पद चर्चाओं के लिये मशहूर है और दुनिया का अव्वल नंबर पॉडकास्ट माना जाता है।

कथावाचन और सत्य अपराध पॉडकास्ट

ये पॉडकास्ट वास्तविक जीवन या काल्पनिक कहानियों को प्रभावशाली ढंग से बताते हैं, लगभग ऑडियो वृत्तचित्रों की तरह। वास्तविक या काल्पनिक कहानियों को सामने लाने के लिए ये कथात्मक तकनीकों का उपयोग करते हैं, अक्सर कई एपिसोड या *सीज़न्स* द्वारा। इसमें श्रोताओं को रहस्य, चरित्र विकास और *इमर्सिव साउंड डिज़ाइन* से आकर्षित करने की भरपूर संभावना रहती है। ये मेरा पसंदीदा प्रारुप है। हॉरर पॉडकास्ट विधा से जुड़े **निकेश मुरली** मानते [20] हैं कि, “हॉरर, ऑडियो माध्यम के ज़रिए सबसे ज़्यादा प्रभावी होता है, क्योंकि यह आपकी कल्पना से जुड़ता है और मन के अंधेरे सायों द्वारा डर को बढ़ाता है।”

उदाहरण 1: सीरियल [21] (संयुक्त राज्य अमेरिका) की मेज़बान हैं पत्रकार **सारा केनिग** जो वास्तविक अपराध मामलों में अन्वेषणात्मक पत्रकारिता के लिये जानी जाती हैं । ये अब तक के सबसे अधिक क्रमिक रूप से देखे जाने वाले सत्य अपराध पॉडकास्ट में से एक है और एक टीवी सीरीज़ के रूप में भी रूपांतरित किया जा चुका है (अध्याय 6 भी देखें)।

उदाहरण 2: मिस कंडक्ट [22] (भारत): **रागवी रमेश** और **निशा चंद्रशेखरन** द्वारा होस्ट किया गया एक ट्रू क्राइम पॉडकास्ट है जो विशेष रूप से उन भारतीय महिलाओं पर केंद्रित है जिन्होंने जघन्य या यदा कदा हास्यास्पद अपराध किए हैं।

पैनल चर्चा पॉडकास्ट

टीवी/रेडियो कार्यक्रम के समान, इस तरह का पॉडकास्ट कई मेहमानों या सह-मेजबानों को विविध विषयों पर चर्चा करने, मुद्दों पर बहस करने या अनुभव साझा करने के लिए एक साथ लाता है, जिसके परिणामस्वरूप अक्सर जीवंत, बहुआयामी बातचीत होती है। यह प्रारूप अनेक वैचारिक दृष्टिकोण सामने लाता है और जटिल विषयों या सम सामयिक घटनाओं पर चर्चा हेतु बेहद प्रभावी है।

उदाहरण: तीन ताल (भारत): एक हास्य प्रधान हिंदी पॉडकास्ट, जिसमें पत्रकार त्रयी कमलेश किशोर सिंह, आसिफ खान और कुलदीप मिश्र विभिन्न मुद्दों पर अतरंगी अंदाज में बातें करते हैं।

वीडियो पॉडकास्ट

वीडियो पॉडकास्ट या *वोडकास्ट* पारंपरिक ऑडियो प्रारूप का विस्तार करते हुए रिकॉर्ड किए गए स्टूडियो सत्र, साक्षात्कार या उन्नत प्रस्तुतियों के रूप में दृश्य तत्वों को शामिल करते हैं। वे उन दर्शकों को आकर्षित करते हैं जो कहानी सुनने की बजाय देखना पसंद करते हैं। वीडियो के रूप में पॉडकास्ट का प्रारूप बहुत तेज़ी से बढ़ रहा है, विशेष रूप से यूट्यूब और स्पॉटिफाई पर।

उदाहरण 1: द मेल फ़ेमिनिस्ट [23] (भारत): **सिद्धार्थ आलमबयान** द्वारा बनाया गया यह वीडियो पॉडकास्ट रूढ़ियों को तोड़ने और महिलाओं के अनुभवों को समझने, मासिक धर्म, रजोनिवृत्ति जैसे विषयों की खोज करने और पुरुषों को बेहतर सहयोगी कैसे बनाया जा सकता है, इस पर ध्यान केंद्रित करता है।

उदाहरण 2: डायरी ऑफ़ ए सीईओ [24] (यूनाइटेड किंगडम) के मेज़बान **स्टीवन बार्टलेट** उद्यमियों और प्रसिद्ध हस्तियों के साथ गहन वार्तालाप करते हैं।

हास्य पॉडकास्ट

यदि आप हास्य-व्यंग्य पसंद करते हैं, तो हास्य पॉडकास्ट रोज़मर्रा के विषयों पर हल्के-फुल्के विचार लाते हैं। कॉमेडी पॉडकास्ट का उद्देश्य श्रोताओं का मनोरंजन करना और उन्हें हंसाना होता है, जिसमें *स्टैंड-अप रूटीन*, हास्यपूर्ण *कमेंट्री* या *इम्प्रोवाइजेशनल गेम* शामिल होते हैं। वे एकल, साक्षात्कार-आधारित या पैनल-संचालित हो सकते हैं, और अक्सर अन्य शैलियों के साथ मिश्रित होते हैं।

उदाहरण: सायरस *सेज़* [25] (भारत) के मेज़बान **सायरस ब्रोचा** मशहूर डीजे और हास्य कलाकार रहे हैं। अपने पॉडकास्ट में उनकी प्रसिद्ध हस्तियों से मजेदार बातचीत होती है।

संगीत और ध्वनि आधारित पॉडकास्ट

ये पॉडकास्ट संगीत, ध्वनि प्रभावों, और आकर्षक ऑडियो कहानी कहने पर अत्यधिक निर्भर करते हैं। ये ऑडियो कलात्मकता पर ध्यान केंद्रित करते हैं, जिसमें *क्यूरेटेड प्लेलिस्ट*, कलाकारों के साक्षात्कार या संगीत इतिहास की खोज शामिल होती है। कुछ पॉडकास्ट *साउंडस्केप*, ASMR[5] या *ऑडियो ड्रामा* के साथ भी प्रयोग करते हैं, जो रचनात्मक ध्वनि डिजाइन सराहने वाले श्रोताओं को आकर्षित करने के लिये सर्वोत्तम है।

उदाहरण 1: मेड इन इंडिया [26] (भारत) जिसकी मेज़बान मे मरियम थॉमस भारत के इंडी संगीत दृश्य की खोज करती हैं। इसमें साक्षात्कार और लाइव संगीत प्रदर्शन रहते हैं।

उदाहरण 2: सॉन्ग एक्सप्लोडर [27] (संयुक्त राज्य अमेरिका) जहाँ मेज़बान **ऋषिकेश हिरवे** कलाकारों के साथ हिट गानों का विश्लेषण करते हैं और संगीत उत्पादन के पर्दे के पीछे का अनूठा दृश्य पेश करते हैं।

---

5 एएसएमआर (ऑटोनोमस सेंसरी मेरिडियन रिस्पांस) एक शारीरिक और मनोवैज्ञानिक अनुभव है जो विशिष्ट उत्तेजना के नतीजतन सुखद संवेदनाएं उत्पन्न करता है।

शिक्षात्मक और आत्मसुधार पॉडकास्ट

इस तरह के पॉडकास्ट सीखने, प्रेरणा, और कौशल निर्माण पर केंद्रित होते हैं। ये विज्ञान, इतिहास, या व्यक्तिगत विकास जैसे विषयों को कवर करते हुए सिखाने या प्रेरित करने के लिए *डिज़ाइन* किए जाते हैं। वे एकल, साक्षात्कार या पैनल प्रारूपों का उपयोग कर सकते हैं और अक्सर विशिष्ट विषयों में अपनाने योग्य सलाह या गहन जानकारी प्रदान करते हैं।

उदाहरण 1: द *हैबिट कोच* [28] (भारत) जहाँ मेज़बान **अश्दिन डॉक्टर** प्रॉडक्टिविटी बढ़ाने की आसान दैनिक आदतें सिखाते हैं।
उदाहरण 2: द *टिम फेरिस शो* [29] (संयुक्त राज्य अमेरिका) में मेज़बान **टिम फेरिस** विश्व स्तरीय पेशेवर परफॉमर्स से उनकी सफलता के गुर पता करते हैं।

समाचार और राजनीति

इस तरह के पॉडकास्ट वर्तमान घटनाओं, सरकारी मामलों और सामाजिक मुद्दों पर समय पर अपडेट, विश्लेषण और चर्चा प्रदान करते हैं, जिनमें अक्सर पत्रकार, टिप्पणीकार या राजनेता शामिल होते हैं। ये शो दैनिक समाचार *ब्रीफिंग* से लेकर राजनीतिक घटनाओं पर गहन बहस या व्यंग्यपूर्ण टिप्पणियों तक हो सकते हैं।

उदाहरण: स्लेट का*पॉलिटिकल गैबफेस्ट* [30] एक लंबे समय से चलने वाला पॉडकास्ट है, जहाँ स्लेट के पत्रकार सप्ताह के राजनीतिक समाचारों पर अंतर्दृष्टि और बुद्धि के साथ चर्चा और बहस करते हैं, श्रोताओं को अमेरिकी राजनीति पर संदर्भ और राय दोनों प्रदान करते हैं।

खेल

ये पॉडकास्ट खेल और एथलीटों से संबंधित हर चीज को कवर करते हैं, जिसमें समाचार, खेल विश्लेषण, भविष्यवाणियां, बहस और खेल हस्तियों के साक्षात्कार शामिल हैं।

उदाहरण: बिल सिमंस पॉडकास्ट [31] में खेल विश्लेषक **बिल सिमंस** खेल, पॉप संस्कृति और प्रौद्योगिकी में नवीनतम चर्चा करते हैं, जिसमें अक्सर एथलीट और मशहूर हस्तियां खुलकर, मनोरंजक बातचीत के लिए शामिल होते हैं।

समाज और संस्कृति

इस प्रकार के पॉडकास्ट अक्सर कहानी, साक्षात्कार या विश्लेषण के माध्यम से उन प्रवृत्तियों और परंपराओं का पता लगाते हैं जो मानव अनुभव को आकार देते हैं। ये सांस्कृतिक घटनाओं, सामाजिक मुद्दों और ऐतिहासिक संदर्भों की गहरी समझ को बढ़ावा देते हैं और श्रोताओं को विविध दृष्टिकोणों से जोड़ते हैं।

उदाहरण: एनपीआर द्वारा निर्मित *कोड स्विच* [32] पॉडकास्ट में अमेरिका में नस्ल, पहचान और संस्कृति विषय पर है जो पत्रकारिता और व्यक्तिगत कहानियों के मिश्रण द्वारा यह पड़ताल करता है कि ये ताकतें हमारे जीवन को कैसे आकार देती हैं।

व्यवसाय

व्यवसाय पॉडकास्ट उद्यमिता, प्रबंधन, उद्योग के रुझान और व्यक्तिगत वित्त पर ध्यान केंद्रित करते हैं, जिनमें अक्सर व्यापारिक नेताओं, केस स्टडी और कार्रवाई योग्य सलाह के साथ साक्षात्कार शामिल होते हैं। वे श्रोताओं को वाणिज्य की तेजी से बदलती दुनिया में सूचित और प्रेरित रहने में मदद करते हैं।

उदाहरण: एनपीआर द्वारा निर्मित *हाउ आई बिल्ट दिस* [33] उन लोगों की कहानियों को साझा करता है जिन्होंने दुनिया की कुछ सबसे प्रसिद्ध कंपनियों का निर्माण किया। इसमें संस्थापकों से उनकी यात्रा, चुनौतियों और सफलताओं के बारे में साक्षात्कार शामिल होते हैं।

पॉडकास्ट शैली चयन गाइड: अपनी शैली खोजें

आपकी ताकत/रुचि	अनुशंसित पॉडकास्ट शैलियां	यह क्यों फिट बैठता है
शानदार वक्ता	एकल पॉडकास्ट, कमेंट्री, प्रेरक, दैनिक जर्नल	आप ध्यान खींच सकते हैं और बगैर किसी अतिथि के स्पष्ट व धाराप्रवाह बोल सकते हैं
जिज्ञासु हैं, सवाल पूछना पसंद है	साक्षात्कार-आधारित, *फायरसाइड चैट*, विशेषज्ञ पैनल, गोलमेज चर्चा	स्वाभाविक जिज्ञासा से कोई भी बातचीत आकर्षक बन जाती है
स्वाभाविक कहानीकार / रचनात्मक दिमाग	फिक्शन, हॉरर, ट्रू क्राइम, ड्रामा, व्यक्तिगत कथाएँ	कथानक, रहस्य या भावनात्मक मोड़ वाले *इमर्सिव* एपिसोड के लिए बढ़िया
पढ़ाना / समझाना पसंद है	शैक्षिक, फलां काम कैसे करें, व्याख्यात्मक शो, कोचिंग, *ट्यूटोरियल*	जटिल चीजों को आसानी से समझाने की आपकी क्षमता आपके दर्शकों के लिए सीखना आसान बनायेगी
मिलनसार / समुदाय निर्माता	पैनल चर्चाएँ, समुदाय-संचालित पॉडकास्ट, *थीम* आधारित सहयोग	आप समूह की गतिशीलता में कामयाब होते हैं, और दूसरों की राय को उजागर करना पसंद करते हैं
अच्छा *सेंस ऑफ़ ह्यूमर* / मजाकिया	कॉमेडी, व्यंग्य, *पैरोडी, इम्प्रोव-स्टाइल,* अवलोकन संबंधी हास्य	श्रोताओं को आकर्षित करने और वायरल होने के लिए उत्तम
किताबें, फ़िल्में, पॉप संस्कृति से प्यार	शो की समीक्षा, कमेंट्री, *रीकैप्स, रीवॉच* पॉडकास्ट, फैन *थ्योरी*	आपका उत्साह बेहतरीन अनुशंसाओं, विश्लेषण और प्रशंसक के बीच चर्चा को बढ़ावा देता है
शांत, चिंतनशील व्यक्तित्व	ध्यान, *माइंडफुलनेस,* आध्यात्मिकता, दर्शन, आत्म-प्रतिबिंब	आपका लहजा श्रोताओं को शांत करता है जो शांत या आत्म निरीक्षण सामग्री के लिए एकदम उपयुक्त है
विश्लेषणात्मक विचारक / शोधकर्ता	खोजी पत्रकारिता, डेटा-संचालित पॉडकास्ट, व्याख्याकार, *डीप-डाइव*	आपको तथ्य पसंद हैं, गहराई से मंथन और कहानी के सभी पक्षों को उजागर करते हैं

आपकी ताकत/रुचि	अनुशंसित पॉडकास्ट शैलियां	यह क्यों फिट बैठता है
सामाजिक परिवर्तन के बारे में भावुक	सक्रियता, जागरूकता अभियान, *चेंजमेकर्स* के साथ साक्षात्कार, मुद्दा-आधारित पॉडकास्ट	पॉडकास्टिंग आपके मिशन को एक आवाज देता है और बदलाव का एक समुदाय बनाता है
संस्कृति उत्साही / बहुभाषी	भाषा सीखना, संस्कृति पर टिप्पणी, अनुवाद श्रृंखला, क्षेत्रीय कहानी	बहु सांस्कृतिक दर्शकों या प्रवासी समुदायों के लिए बढ़िया
शौकिया या niche प्रेमी	भोजन, यात्रा, मोटर साईक्लिंग, बागवानी, शिल्पकला, शौक	अपने जुनून को सामग्री में बदलें, आपके दर्शक ही आपकी जमात बन जायेंगे
उद्योग विशेषज्ञ / पेशेवर	व्यवसाय, तकनीक, विपणन, करियर सलाह, स्टार्टअप कहानियाँ	आप अपने क्षेत्र में वास्तविक दुनिया की अंतर्दृष्टि और अनुभव प्रदान कर सकेंगे
समय की कमी लेकिन नियमित	माइक्रो-पॉडकास्ट, दैनिक *टिप्स, वन-मिनट नगेट्स, फ्लैश ब्रीफिंग*	शॉर्ट-फॉर्म सामग्री प्रभावी होता है, और श्रोताओं के बीच *लॉयल्टी* और आदत बनाता है
पेरेंटिंग या देखभाल करने वाला	*पेरेंटिंग*, पारिवारिक जीवन, बच्चों के लिए कहानियाँ, टिप्स और *हैक्स*	आपका अनुभव ऐसे दूसरे लोगों की मदद कर सकता है जो उसी दौर से गुज़र रहे हों
संगीत प्रेमी / कलाकार	संगीत समीक्षा, गीत लेखन पॉडकास्ट, कलाकार साक्षात्कार, संगीत इतिहास	आप राग और गीत की भाषा बोलते हैं और आपके श्रोता आपकी कला और अंतर्दृष्टि के लिए आपसे जुड़ते हैं
लक्ष्य-उन्मुख / *हाई अचीवर*	आत्म-सुधार, उत्पादकता, व्यक्तिगत विकास, जीवन डिजाइन	आप अपनी मानसिकता, आदतों और प्रणालियों से दूसरों को प्रेरित कर सकते हैं
तकनीक-प्रेमी	AI/ML, वेब 3, डेवलपर शो, डिजिटल रुझान, कोडिंग पॉडकास्ट	आप *गीक* भाषा में बोलते हैं, अपनी विशेषज्ञता को आकर्षक और सरल तरीके से लोगों को पहुंचा सकते हैं

सारणी 2: पॉडकास्ट शैली का चयन करने की गाईड

शैलियाँ जो दुनिया भर में मशहूर हैं

स्थिति	शैली	वैश्विक श्रोताओं का हिस्सा	श्रोता आधार (2025)	टिप्पणी
1	कॉमेडी	32 से 35%	200 से 220 मिलियन	ऑडियो और वीडियो पॉडकास्ट दोनों प्रारूपों में अग्रणी; महिलाओं में खास लोकप्रिय।
2	समाचार	22 से 31%	120 से 170 मिलियन	वैश्विक पॉडकास्ट राजस्व का 31% से अधिक हिस्सा;
3	ट्रू क्राइम	19 से 31%	100 से 170 मिलियन	खासकर महिलाओं के बीच लोकप्रिय; शीर्ष शो नियमित रूप से वैश्विक चार्ट में टॉप पर रहते हैं।
4	खेल	20 से 31%	100 से 155 मिलियन	इसमें उच्च विज्ञापन राजस्व और जुड़ाव देखा जाता है
5	समाज और संस्कृति	20%	100 मिलियन	तेजी से बढ़त खासकर वीडियो शैली में।
6	स्वास्थ्य और फिटनेस	15%	75 मिलियन	लगातार शीर्ष में शामिल, खास तौर पर कोविड महामारी के बाद से।
7	व्यवसाय और प्रौद्योगिकी	14%	70 मिलियन	GenZ श्रोताओं में 34% वार्षिक वृद्धि
8	सेल्फ हेल्प	12%	60 मिलियन	स्वास्थ्य एवं कल्याण के साथ मजबूत ओवरलैप
9	धर्म और आध्यात्मिकता	10%	50 मिलियन	हाल में 49% की वृद्धि, सबसे तेजी से बढ़ने वाली शैलियों में से एक।
10	कला और अवकाश	8 से 10%	40 से 50 मिलियन	इसमें गेमिंग, शौक, साहित्य और दृश्य कला शामिल हैं।

सारणी 3: विश्व की शीर्ष 10 पॉडकास्ट शैलियाँ

शुरुवात पहले कदम से ही होती है

अब इतने प्रारूप जानने के बाद घबराने की ज़रूरत नहीं है। सच बात तो यह है कि कोई भी प्रारूप बेहतर या खराब नहीं होता। पिछले दो पृष्ठों में दिये चयन गाइड से आपको पता चल गया होगा कि आपके अपने पॉडकास्ट के प्रकार का चयन आपकी अंदरूनी काबिलीयत, सामग्री चयन पर, आपके लक्षित दर्शकों और आपके *कंफर्ट लेवल* व इच्छाशक्ति पर निर्भर करता है।

सबसे पहले तो 1 या 2 प्रारूप चुनें जो आपको सबसे अधिक उत्साहित करते हैं, जिसके *सब्जेक्ट मैटर* यानि विषयवस्तु पर आपकी अच्छी पकड़ हो, जैसे कि इतिहास, साहित्य, योग, स्टॉक ट्रेडिंग, योग, इत्यादि। उसके बाद अधिक न सोचें। अपनी योजना को अमली जामा पहनाने का प्रारंभ कर दें।

आप चाहें तो एक से अधिक प्रारूपों को मिला-जुलाकर भी पॉडकास्ट बना सकते हैं। कुछ अंक रिकार्ड कर जायजा लें, दोस्तों और परिवार के सदस्यों से उनकी प्रतिक्रिया मांगें। और फिर एक पक्का निर्णय लेकर शुरु कर दें। लेखक फिर कहता हैः अधिक न सोचें।

🎯 अगले अध्याय में हम चर्चा करेंगे कि पॉडकास्टिंग आरंभ करने के लिए आवश्यक न्यूनतम उपकरण क्या हैं। याद रखिये, आपको महंगे उपकरणों की कतई आवश्यकता नहीं है! बस चाहिये एक मोबाइल फोन, लैपटॉप या डेस्कटॉप।

***

2 अपना पॉडकास्ट सेटअप कैसे करें?

अंततः आपने पॉडकास्ट शुरू करने का निर्णय ले ही लिया है। उत्तम निर्णय! बधाई!

परंतु आप सोच रहे होंगे कि कहां से प्रारंभ करें। क्या आपको स्टूडियो की आवश्यकता है? क्या किसी ध्वनि संपादक को नौकरी पर रखना पड़ेगा? कौन सा महंगा खास माइक्रोफोन खरीदना पड़ेगा?

जी नहीं! ये कुछ भी नहीं करना है। कम से कम शुरुवाती दौर में तो कदापि नहीं।

इस अध्याय में, हम पॉडकास्ट सेटअप की प्रक्रिया को तीन सरल चरणों में विभाजित करेंगे:

- पॉडकास्ट विषय एवं नाम का चयन
- रिकॉर्डिंग उपकरण की व्यवस्था (सीमित बजट में!)
- रिकॉर्डिंग एवं संपादन: निःशुल्क एवं सरल उपकरण

चलिये आरंभ करें!

चरण 1: पॉडकास्ट विषय एवं नाम का चयन

आपका पॉडकास्ट किस विषय पर होना चाहिए?

कोई भी ऐसा विषय जिसके प्रति आप उत्साहित हैं या जिज्ञासु हैं! परंतु वो विषय ऐसा भी होना चाहिए जिसे लोग सुनना चाहते हों। जैसे की शहरी श्रोता कृषि-दर्शन नुमा शो नहीं, बल्कि अपने फ्लैट के टेरेस पर फूलों के गमले संभालने के टिप्स ज्यादा पसंद करेगा।

आदर्श विषय चुनने के लिए यहां कुछ सुझाव हैं:

- स्वयं से पूछें: मुझे किस विषय पर घंटों बात करना पसंद है?
- जांचें कि क्या इसके लिए श्रोता वर्ग है। Google Trends या Spotify का उपयोग करके देखें कि क्या लोग आपके विषय को खोजते हैं।

- अपना अनूठा दृष्टिकोण खोजें। यदि अन्य लोगों ने इस विषय पर चर्चा पहले ही की है, तो आप इसे कैसे अलहदा या खास बना सकते हैं? इसमें क्या खास तड़का डाल कर परोस सकते हैं?

कुछ विषय यहाँ उदाहरण के लिये सुझाये गये हैं:

1. *लोकप्रिय संस्कृति एवं बॉलीवुड*: समीक्षा, पर्दे के पीछे की जानकारी, अच्छी फिल्में जो सराही न गई
2. *वित्त एवं व्यापार*: धन प्रबंधन के तरीके, *स्टार्टअप केस-स्टडी*, *क्रिप्टोकरेंसी*
3. *आत्म-उन्नति*: अधिक *प्रॉडक्टिव* कैसे बनें, अच्छी आदतें कैसे विकसित करें
4. *संगीत एवं कलाकार*: कम जाने-माने इंडी संगीत, जाने अनजाने भारतीय संगीतकार या वाद्य
5. *खेल एवं क्रिकेट*: खिलाड़ियों का विस्तृत विश्लेषण, रणनीति की व्याख्या
6. *विचित्र एवं मनोरंजक तथ्य*: भारत के सबसे अजीब कानून, इतिहास के सबसे बड़े घोटाले

एक अच्छा पॉडकास्ट विषय चुनने का नुस्खा

आपके पॉडकास्ट का विषय विस्तार इतना व्यापक होना चाहिए कि उस पर कई एपिसोड बन सकें साथ ही इतना खास भी होना चाहिए कि इस भीड़ में वह अपनी विशिष्ट पहचान बना सके।

जैसे कि "एक पॉडकास्ट जिसमें हर विषय पर चर्चा हो" खराब विषय होगा क्योंकि इसमें विस्तार बहुत ज्यादा है, जिससे श्रोता उलझ जायेंगे और ज्यादा दिन टिकेंगे नहीं। इसके उलट "भारतीय *स्टार्टअप्स* की अनकही कहानियां" एक अच्छा विषय हो सकता है क्योंकि ये एक खास श्रोता वर्ग के लिये विशिष्ट भी है और इसमें विषयवस्तु में अंक दर अंक हल्का बदलाव करने का लचीलापन भी है।

अपने पॉडकास्ट का नाम क्या रखें

आपके पॉडकास्ट का नाम होना चाहिए:

- स्मरणीय (संक्षिप्त, 4 शब्दों से कम हो तो बेहतर, एवं आकर्षक)

- वर्णनात्मक (जिससे विषय का स्पष्ट अंदाज़ा लगे), जैसे "क्रिकेट साप्ताहिकी"
- उच्चारण और वर्तनी में सरल

पॉडकास्ट का नाम रखने के कुछ टिप्स:

"सीधा-सादा" तरीका	•स्पष्ट रूप से बताता है कि यह किस बारे में है •उदाहरणः *बात सेहत की, समाचार विचार*
"चतुर एवं आकर्षक" तरीका	•शब्दचातुर्य, तुकबंदी, या अनुप्रास का उपयोग करता है •उदाहरणः *बॉलीवुड बतियाँ, स्टार्टअप समोसा, चाय पे चर्चा*
"व्यक्तिगत ब्रांडिंग" का तरीका	•आपके या ब्रॉंड के नाम का उपयोग करता है •उदाहरणः द *वरिकू शो* (अंकुर वारिकू द्वारा), *सायरस सेज़* (सायरस ब्रोचा द्वारा), द *निखिल कामत पॉडकास्ट*

चरण 2: पॉडकास्ट उपकरण का जुगाड़ (बिना खर्च!)

आरंभ करने के लिए आपको क्या चाहिए? आपको व्यावसायिक स्टूडियो की आवश्यकता नहीं है! आवश्यक चीज़ें हैं:

- ***माइक्रोफोन***: फोन का माइक्रोफोन या बुनियादी लैपटॉप माइक्रोफोन भी काम कर सकता है!
- ***हेडफोन***: कोई भी तार वाला या बेतार इयरफोन (जैसे Apple EarPods या बजट JBL) चलेंगे।
- ***रिकॉर्डिंग सॉफ्टवेयर***: निःशुल्क एप्लिकेशन जैसे Audacity या लैपटॉप के *नेटिव साउंड रिकार्डर* का उपयोग करें। वीडियो रिकॉर्डिंग हेतु आपके फोन से बेहतर कुछ हो ही नहीं सकता।
- ***संपादन सॉफ्टवेयर***: निःशुल्क AI संचालित उपकरणों या Audacity का उपयोग करें। वीडीयो संपादन थोड़ा जटिल हो सकता है, इसके लिये कैन्वा या क्लिपचैंप (विंडोज़ 11 पर निःशुल्क उपलब्ध) का प्रयोग करें।

सबसे सस्ता पॉडकास्ट सेटअप (शून्य निवेश!)

1. **अपने फोन या लैपटॉप के अंतर्निहित माइक्रोफोन** का उपयोग करें (शांत कमरे में रिकॉर्ड करें)। साउंड रिकार्डिंग को MP3 या Wav में बदलने के लिये इंटरनेट पर अनेकों मुफ्त तरीके मौजूद हैं।
2. **अडोबी पॉडकास्ट** [34] का उपयोग करके संपादित करें (ये स्वचालित रूप से शोर हटाता है और अपनी पसंद मुताबिक संगीत जोड़ने देता है)।
3. **अडोबी एक्सप्रेस** [35] द्वारा पॉडकास्ट का कवर चित्र बनायें
4. **स्पॉटिफाई फॉर क्रियेटर्स** [36] पर निःशुल्क अपलोड करें।

प्ले टू पोटेंशियल [37] पॉडकास्ट के होस्ट **दीपक जयरामन** मानते हैं कि वीडियो की तुलना में ऑडियो पॉडकास्ट बनाना किफ़ायती विकल्प है, "मैं वीडियो बनाने के लिए पैसे खर्च करने का हिमायती नहीं हूँ। ऑडियो द्वारा बिना किसी अतिरिक्त लागत के मैंने सुनने वालों से अंतरंगता प्राप्त की है। इससे मेरी सीखने की यात्रा शुरू हुई जिसने अंततः मेरे पॉडकास्ट का रूप ले लिया।"

चरण 3: रिकॉर्डिंग एवं संपादनः सरल निःशुल्क उपकरण

कहां रिकॉर्ड करें?

एक शांत कक्ष खोजें जहाँ कोई प्रतिध्वनि न हों, कमरा जितना खाली होगा प्रतिध्वनि उतनी ज्यादा। अपने रिकार्डिंग बूथ यानि जिस स्थान पर माइक लगा होगा उस के आसपास जितना संभव हो कंबल, दोहर या मोटे पर्दे वगैरह का उपयोग कर आप काफी हद तक अनचाही ध्वनि को अवशोषित कर सकते हैं। अतिरिक्त या बाहर के शोर को रोकने के लिये रिकार्डिंग के समय खिड़कियाँ, पंखे, *एयर-कंडीशनर*, और अन्य पृष्ठभूमि शोर बंद कर दें।

काम की बात: कपड़ों की अलमारी के अंदर रिकॉर्डिंग करना अद्भुत परिणाम देता है! कपड़े ध्वनि अवशोषित करते हैं और प्रतिध्वनि कम करते हैं। अगर फिर भी कुछ शोर रह जाये तो वो आप अडोबी पॉडकास्ट से हटा सकते हैं।

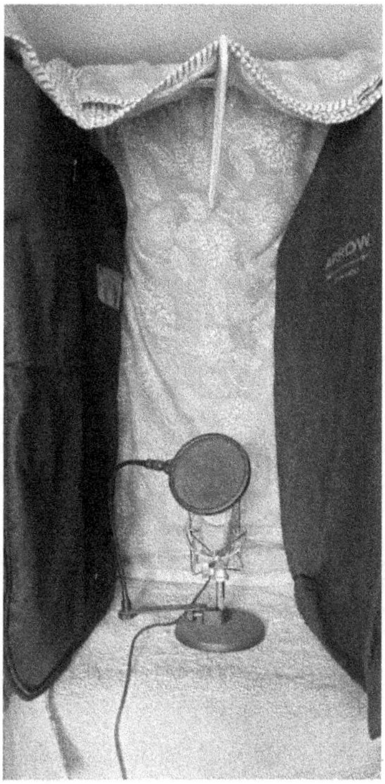

चित्र 5: लेखक का होम स्टूडियो सेटअप

चित्र 5 में लेखक के गरीब खाने में स्थित होम स्टूडियो दिखाया गया है जो दरअसल कपड़ों की अलमारी में निर्मित एक तिकड़म भर है। ध्वनि अवशोषित करने के लिये दोहर, टेबल मैट और कोट का इस्तेमाल किया गया। कंबल हो तो उत्तम।

सैमसन यूएसबी माइक को ***स्पाईडर शॉक माउंट*** पर लगाया गया है जिससे अलमारी की थरथराहट वगैरह माइक तक न पहुंचे।

चित्र में जो गोल मेशनुमा चीज दिख रही है, वो है ***पॉप फिल्टर*** जो बेहद काम की चीज़ है। अकसर कुछ खास अक्षरों जैसे "प" या "ब" बोलते समय हमारे मुंह से तेज़ हवा निकलती है, जिसे *प्लोसिव* कहते हैं। इससे माइक में दबाव पड़ने से रिकार्डिंग खराब हो सकती है। *पॉप फिल्टर* से इसे निजात पाया जा सकता है। साथ ही इससे माइक से सही दूरी बनाये रखने में भी मदद मिलती है।

रिकॉर्डिंग एवं संपादन के लिए सर्वोत्तम निःशुल्क उपकरण

रिकॉर्डिंग (निःशुल्क एवं सरल)

- स्पॉटिफाई फॉर क्रियेटर्स ऐप (मोबाइल के लिए सर्वोत्तम)
- ऑडेसिटी [38] (लैपटॉप रिकॉर्डिंग के लिए सर्वोत्तम: निःशुल्क एवं सरल) अथवा गराजबैंड (मैकओएस पर)
- Riverside [39] (दूरस्थ साक्षात्कार के लिए; 2 घंटे मुफ्त)

घर से पॉडकास्टिंग शुरू करने का सबसे आसान तरीका USB माइक्रोफ़ोन है। वे आपके कंप्यूटर से सीधे जुड़ (plug-in) जाते हैं, इसलिए किसी अतिरिक्त उपकरण

की आवश्यकता नहीं होती। अनुभवी पॉडकास्टर्स *डायनेमिक वोकल माइक्रोफ़ोन*[6] और Shure SM58 जैसे मॉडल लेने की सलाह देते हैं।

संपादन

- शोर हटाने एवं ध्वनि संवर्धन के लिये अडोबी पॉडकास्ट
- विस्तृत मल्टी ट्रैक संपादन के लिये ऑडेसिटी
- स्वचालित रूप से आपकी आवाज़ का स्तर समायोजित करने के लिये ओफोनिक [40] (प्रति माह 2 घंटे मुफ्त)
- निःशुल्क पृष्ठभूमि संगीत एवं ध्वनि प्रभाव के लिये Zapsplat.com एवं Pixabay.com

अगला कदम

अब जब आपने अपने पॉडकास्ट का विषय एवं नाम चुन लिया है, अपने बुनियादी (निःशुल्क) रिकॉर्डिंग उपकरण स्थापित कर लिए हैं और सीख लिया है कि कहां रिकॉर्ड करना है और कैसे आसानी से संपादित करना है...अब समय है अपने पहले एपिसोड की योजना बनाने का!

🎯 अगले अध्याय में हम बात करेंगे कि अपने पहले पॉडकास्ट एपिसोड की स्क्रिप्ट एवं संरचना कैसे बनाएं और क्या कहें ताकि श्रोता जुड़े रहें।

***

6 *कंडेनसर माइक्रोफोन* की तुलना में *डायनेमिक माइक्रोफोन* अधिक गुणवत्ता प्रदान करते हैं और अक्सर अधिक उदार होते हैं, खासकर गैर आदर्श ध्वनिक *सेटिंग्स* में। डायनेमिक *माइक्रोफोन* तेज़ आवाज़ वाले स्रोतों को संभालने में भी बेहतर होते हैं, जिससे उनमें विकृति की संभावना कम होती है।

3 आपके प्रथम पॉडकास्ट का पहला अंक

तो आपने अपने उपकरण स्थापित कर लिए हैं और विषय का चयन कर लिया है। अब सबसे बड़ी चुनौती आती है: आप वास्तव में अपने प्रथम एपिसोड में क्या कहेंगे?

चिंता न करें! इस अध्याय में हम बात करेंगे:

1. एक पॉडकास्ट एपिसोड की आदर्श संरचना कैसी हो
2. एक सरल परंतु प्रभावशाली पटकथा कैसे लिखें
3. पॉडकास्टिंग युक्तियाँ जो आपकी रचना को प्रोफेशनल बनायें

चरण 1: पॉडकास्ट एपिसोड की आदर्श संरचना

अगर आपने ध्यान दिया हो तो पायेंगे कि अधिकांश सफल पॉडकास्ट एक सरल त्रि-भागीय संरचना का अनुसरण करते हैं:

1. पहली ध्वनि का प्यार (प्रथम 30 सैकंड)

आपके अंक के पहले कुछ सेकंड ही निर्धारित करते हैं कि श्रोता आपको सुनने के लिये रुकेंगे या *स्किप* कर जाएंगे। इसलिये आपको उन्हें पहले तीस सेकंड में ही अपनी बातों में बाँधना होगा। पर कैसे?

अपने अंक की शुरुवात इन हुक वाक्याँशों से करें:

- **एक चौंकाने वाला तथ्य** (जैसे कि: "क्या आप जानते हैं कि विश्व के शीर्ष 10 पॉडकास्ट में से 6 बिना किसी व्यावसायिक प्रशिक्षण के साधारण व्यक्तियों द्वारा शुरू किए गए थे?")
- **एक गहन प्रश्न** (जैसे कि: "क्या आप जानते हैं कि आपके पास ऐसी कहानियां और विचार हैं जिन्हें सुनने के लिए लोग वास्तव में उत्सुक हैं?")
- **एक साहसिक कथन** (जैसे कि: "आज मैं आपको दिखाऊंगा कि कैसे आप अगले 48 घंटों में बिना किसी तकनीकी ज्ञान के अपना पहला पॉडकास्ट प्रकाशित कर पायेंगे।")

उदाहरण: "स्टार्टअप समर में आपका स्वागत है! 90% स्टार्टअप असफल होते हैं, परंतु आपके मामले में ऐसा नहीं होना चाहिए। मैं हूं आपका होस्ट [आपका नाम], और आज, हम सफल संस्थापकों की कामयाबी के 3 रहस्यों पर से पर्दाफाश करेंगे।"

2. मुख्य सामग्री (5–20 मिनट) – एपिसोड का मुख्य भाग

यह वह हिस्सा है जहां आप श्रोताओं को मुद्दे की बात बताते हैं। चाहे यह एक साक्षात्कार हो, कथाचावन हो, या गहन अध्ययन हो, एक तय ढांचा बनाकर उसके अनुसार अपनी बात रखें। अपनी सामग्री को संरचित करने के सर्वोत्तम तरीके:

- **सूची प्रारूप**: जैसे कि, "पॉडकास्टिंग में नौसिखियों द्वारा की जाने वाली 5 गलतियां"
- **चरण-दर-चरण मार्गदर्शिका**: जैसे कि, "पॉडकास्ट से 3 चरणों में धन कैसे कमाएं"
- **स्टोरी टेलिंग**: मसलन, "एक मामूली रिक्शा चालक के अद्वितीय उद्यम की अविश्वसनीय कहानी"

उदाहरण (सूची प्रारूप): "अगर आप आज पॉडकास्टिंग शुरू करना चाहते हैं तो ये 3 चीज़ें बिल्कुल ज़रूरी हैं: 1/ एक शांत कक्ष (किसी स्टूडियो की आवश्यकता नहीं!), 2/ एक निःशुल्क अनुप्रयोग (*स्पॉटिफाई फॉर क्रियेटर्स* काफी होगा), और 3/ एक सरल माइक्रोफोन (आपके फोन का माइक्रोफोन भी दुरुस्त है!)"

काम की बात: अपनी सामग्री को अनुभागों में विभाजित करें ताकि श्रोता खो न जाएं या बोर न हो जायें। उनका ध्यान बनाये रखने के लिये इस प्रकार के वाक्यांशों का उपयोग करें: "आइए शुरू करते हैं..." या "अब, आगे बढ़ते हैं..." या "अंत में, आइए बात करते हैं..."

3. उपसंहार (अंतिम 30 सेकंड) – अपने श्रोताओं से जुड़ाव बनायें

आपका समापन प्रभावशाली और क्रियाशील होना चाहिए। अपने एपिसोड को समाप्त करने के सर्वोत्तम तरीके:

1. **प्रमुख बिंदुओं का पुनरावलोकन:** "तो आज, हमने सीखा कि पॉडकास्टिंग निःशुल्क कैसे शुरू करें।"
2. ***कॉल टू एक्शन* (CTA[7]):** "ऐसी ही पॉडकास्टिंग युक्तियों के लिए मुझे इंस्टाग्राम पर फॉलो करें।"
3. **अगले एपिसोड की झलक:** "अगले अंक में, मैं आपको बतलाऊंगा कि अपने श्रोताओं की संख्या बगैर पसीना और पैसा बहाये कैसे बढ़ाएँ!"

🎧 **उदाहरण:** "आज के एपिसोड के लिए इतना ही! यदि आपने इसका आनंद लिया, तो अधिक टिप्स के लिए सब्सक्राईब करना न भूलें। और अगले एपिसोड में, मैं आपके साथ शेयर करूँगा कि अपने प्रथम 1,000 श्रोता कैसे प्राप्त करें। प्रतीक्षा करें!"

चरण 2: पहले पॉडकास्ट की पहली पटकथा

यहां एक सरल पटकथा का खाका दिया गया है जो लगभग किसी भी विषय के पॉडकास्ट लिए कार्य करेगा:

- पॉडकास्ट नाम: [आपके पॉडकास्ट का नाम]
- मेज़बान: [आपका नाम]
- एपिसोड शीर्षक: [आपका विषय]
- परिचय (30 सेकंड)
- [आकर्षण] – एक प्रश्न, तथ्य, या साहसिक कथन से प्रारंभ करें
- [स्वयं का परिचय] – "मैं [आपका नाम] हूँ, और [पॉडकास्ट नाम] में स्वागत है।"
- [एपिसोड की व्याख्या] – "आज, हम बात करेंगे..."
- मुख्य सामग्री (5–20 मिनट)

---

7 CTA एक मार्केटिंग शब्द है जो उपयोगकर्ता को किसी प्रक्रिया में अगला कदम उठाने के लिए प्रोत्साहित करता है, जैसे साइन-अप करना, खरीदना या डाउनलोड करना।

- बिंदु 1 – प्रथम विषय का परिचय दें
- बिंदु 2 – विवरण, उदाहरण, या एक कहानी प्रदान करें
- बिंदु 3 – इसे वार्तालाप पूर्ण और आकर्षक रखें
- उपसंहार (30 सेकंड)
- प्रमुख बिंदुओं का पुनरावलोकन
- कॉल टू एक्शन (सबसक्राईब करें, फॉलो करें, खरीदें, इत्यादि)
- अगले एपिसोड की झलक

चरण 3: पॉडकास्टिंग युक्तियाँ जो आपको पेशेवर बनाएँ

1. **बोलने का ढंग ऐसा हो जैसे आप एक खास व्यक्ति से बात कर रहे हैं:** पॉडकास्ट अत्यंत व्यक्तिगत माध्यम है। महान पॉडकास्टर्स इस मनोवैज्ञानिक तकनीक का प्रयोग करते हैं कि वे हज़ारों श्रोताओं के लिए नहीं, बल्कि एक व्यक्ति के लिए बात कर रहे हैं। कल्पना करें कि आप अपने किसी मित्र से घर के बैठक में बात कर रहे हैं। इस मानसिकता से आपकी आवाज़ में प्राकृतिक आत्मीयता आ जाएगी जो श्रोताओं को आकर्षित करेगी।
2. **विराम लें और श्वास लें:** जल्दबाजी न करें! विराम लेने से आपके शब्द अधिक शक्तिशाली हो जाते हैं। यदि आप गलतियाँ करते हैं? कोई समस्या नहीं। उन्हें बाद में संपादित कर दें!
3. **पृष्ठभूमि संगीत जोड़ें:** सही तरह से इस्तेमाल की गई बैकग्राउंड म्यूजिक आपके पॉडकास्ट को अधिक पेशेवर बना सकती है, चाहे आपका बजट कितना भी सीमित हो। अलग-अलग म्यूजिक *क्लिप्स* का उपयोग पॉडकास्ट के विभिन्न खंडों (परिचय, मुख्य सामग्री, नियमित खंड, उपसंहार) को अलग करने के लिए किया जा सकता है। यदि आप कहानियाँ सुना रहे हैं, तो सटीक *साउंड इफ़ेक्ट्स* (जैसे दरवाज़ा खुलना, बारिश, भीड़ का शोर) श्रोताओं को दृश्य की कल्पना करने में मदद कर सकते हैं।
4. **ऊर्जा और भावना के साथ बोलें:** किसी को भी एक नीरस, यांत्रिक आवाज़ पसंद नहीं है। कल्पना करें कि आप एक मित्र को कहानी सुना रहे हैं। बोलते समय मुसकुराएँ, यह आपकी आवाज़ में खुशनुमापन ला देगा!

5. **उपकरणों का उपयोग करें**: अपनी आवाज़ को व्यावसायिक सुनाने के लिए AI संपादन उपकरणों का उपयोग करें।
6. **नियमित रहें**: अपने अंक नियमित रूप से प्रकाशित करें। हो सके तो एक कलैंडर के अनुसार तयशुदा दिन अंक जारी करें। इससे श्रोताओं को अंक की प्रतीक्षा रहेगी। *कंटेंट क्रिएशन* में *क्यूरेशन* और निरंतरता के महत्व पर मोंक एंटरटेनमेंट के सह-संस्थापक और सीईओ **विराज शेठ** कहते [20] हैं, "मेरा मानना है कि ऐसा पॉडकास्ट, जिसमें अलग-अलग *पोजिशनिंग* या गेस्ट लिस्ट नहीं होती, वह बहुत लंबे समय तक नहीं टिक पाएगा। हमारी विकास रणनीति *गेस्ट क्यूरेशन* के अपने स्तर को और अपनी अपलोड आवृत्ति को लगातार बनाए रखना होना चाहिये।"

तैयार हैं? बस इन पाँच गलतियों से दूर रहें

अनुभवी पॉडकास्टर्स और उद्योग मार्गदर्शक शुरुआती पॉडकास्टरों से निम्नलिखित गलतियाँ न करने से आगाह करते हैं ताकि आपकी सफलता के लिए एक मजबूत आधार तैयार होः

1. ***योजना और संरचना का अभाव:*** कई नए पॉडकास्टर आवश्यक नियोजन चरणों को छोड़ देते हैं, जैसे शो का प्रारूप बनाना, लक्षित दर्शकों की पहचान और एपिसोड प्रवाह को परिभाषित करना। यह एपिसोड को बेतरतीब और गैर प्रभावी बनाता है और श्रोताओं को आकर्षित करने में विफलता का कारक बनता है।
2. *खराब ऑडियो गुणवत्ता:* श्रोता शोरगुल, बहुत कम या बहुत तेज़ आवाज़, गूंज या असंगत ऑडियो वाले पॉडकास्ट को जल्दी छोड़ देते हैं। एक पेशेवर-ध्वनि वाले शो के लिए एक अच्छे माइक्रोफोन और बुनियादी *साउंडप्रूफिंग* में निवेश करना महत्वपूर्ण है।
3. ***पॉडकास्ट के उद्देश्य को परिभाषित न करना:*** स्पष्ट विषय या उद्देश्य के बिना आपका पॉडकास्ट वफादार दर्शकों को आकर्षित करने और बनाए रखने के लिए संघर्ष करेगा। यह स्पष्ट रूप से बताना आवश्यक है कि आपका शो किस बारे में है और यह किसके लिए है।

4. *असंगत पोस्टिंग शेड्यूल:* छिटपुट रूप से प्रकाशित करना या कुछ एपिसोड के बाद गायब हो जाना श्रोता का विश्वास तोड़ता है और गति बनाना मुश्किल बनाता है।
5. ***संपादन में बहुत अधिक समय व्यतीत करना, प्रचार में पर्याप्त नहीं:*** हम यह नहीं कह रहे कि संपादन महत्वपूर्ण नहीं है, पर *परफेक्शनिस्ट* बनने का जुनून *रिलीज़* में देरी कर सकता है और शो के प्रचार में लगने वाले समय को कम कर सकता है, जो विकास के लिए महत्वपूर्ण है।

अगला कदम

अब जब आपने: आदर्श पॉडकास्ट संरचना सीख ली है, अपने प्रथम एपिसोड की पटकथा लिख ली है और पेशेवर प्रतीत होने के लिए पॉडकास्टिंग तकनीकों में महारत हासिल कर ली है...अब समय है अपना पहला एपिसोड रिकॉर्ड करने और प्रकाशित करने का!

🎯 अध्याय 4 में हम निम्नलिखित विषयों पर चर्चा करेंगे: 1/ सर्वोत्तम रिकॉर्डिंग सॉफ्टवेयर और उनका उपयोग कैसे करें, 2/ अपना पॉडकास्ट निःशुल्क कैसे अपलोड करें, 3/ अपने पॉडकास्ट को वितरित कैसे करें।

***

4 अपना पॉडकास्ट निःशुल्क रिकॉर्ड और प्रकाशित कैसे करें

आपकी स्क्रिप्ट तैयार हो जाने के बाद, अब समय है सबसे रोमांचक कार्य का अपना पॉडकास्ट रिकॉर्ड और प्रकाशित करना! इस अध्याय में, हम निम्नलिखित विषयों पर चर्चा करेंगे:

- **निःशुल्क सॉफ्टवेयर का उपयोग करके पॉडकास्ट कैसे रिकॉर्ड करें:** जैसे हमने पहले भी कहा है, आपको किसी महंगे स्टूडियो की आवश्यकता नहीं है। आप बिना किसी व्यावसायिक उपकरण के भी उच्च गुणवत्ता का पॉडकास्ट बना सकते हैं।
- **पॉडकास्ट को व्यावसायिक स्वरूप देने के लिए सर्वोत्तम संपादन उपकरण:** आपकी कच्चे रिकॉर्डिंग में अनावश्यक आवाजें, लंबे विराम और पृष्ठभूमि शोर होना स्वाभाविक है। हम ऐसे उपकरणों के बारे में बात करेंगे जो आपके ऑडियो को परिष्कृत और व्यावसायिक बनाने में मदद करेंगे।
- **स्पॉटिफाई पर अपना पॉडकास्ट निःशुल्क कैसे अपलोड करें:** *स्पॉटिफाई फॉर क्रियेटर्स* पर अपना पॉडकास्ट प्रकाशित करने की पूरी प्रक्रिया, जिसमें खाता बनाना, फाइलें अपलोड करना और अपने श्रोताओं तक पहुंचना शामिल है।
- **अपने पॉडकास्ट को एप्पल पॉडकास्ट्स, अमेज़ान, और अन्य प्लेटफॉर्म पर कैसे वितरित करें:** अपने पॉडकास्ट की पहुंच को बढ़ाने के लिए विभिन्न *प्लेटफॉर्म्स* पर इसे प्रकाशित करने का विस्तृत मार्गदर्शन।

चरण 1: अपना पॉडकास्ट रिकॉर्ड करना

जैसा कि आपने अध्याय 2 में पढ़ा, अपनी आवाज़ को रिकार्ड करने हेतु आपको महंगे माइक्रोफोन या ध्वनिरोधी स्टूडियो की आवश्यकता नहीं है। शुरुआत करने के सबसे सरल और सस्ते तरीके अगले पृष्ठों पर दिये गये है।

- **विकल्प 1:** अपने स्मार्टफोन का उपयोग करके रिकॉर्ड करें: अपने फोन पर *वॉइस रिकॉर्डर ऐप* खोलें (IPhone: वॉइस मेमोज़ | Android: रिकॉर्डर)।

एक शांत स्थान ढूंढें और अपनी स्क्रिप्ट को पढ़कर या आशु रूप में रिकार्ड कर लें। आप चाहें तो एक ही बार में या टुकड़ों में रिकार्ड कर सकते हैं। बेहतर ध्वनि के लिए माइक के साथ तार वाले इयरफोन का उपयोग करें (जो आपके फोन के साथ आते हैं)।

- **विकल्प 2:** अपने लैपटॉप का उपयोग करके रिकॉर्ड करें: अपने लैपटॉप या डेस्कटॉप पर ऑडैसिटी या गराजबैंड अनुप्रयोग द्वारा रिकार्ड करें, दोनों निःशुल्क हैं। अपने लैपटॉप के अंतर्निहित माइक (उचित गुणवत्ता) का उपयोग करें या चाहें तो कोई सस्ता यूएसबी माइक ले लें (कीमत 1500 रुपये से शुरु)। आप कोट में लगाने वाले Lavalier या Lapel माइक भी खरीद सकते हैं, ये 500 से 500 रुपये के बीच मिल जाते हैं।
- **विकल्प 3:** ऑनलाइन रिकॉर्डिंग प्लेटफॉर्म का उपयोग करें (दूरस्थ और एकल पॉडकास्ट के लिए): यदि आप एक एकल पॉडकास्ट रिकॉर्ड कर रहे हैं, तो सीधे अडोबी पॉडकास्ट का उपयोग करें। यदि आप एक या अधिक लोगों से वार्तालाप/साक्षात्कार रिकॉर्ड कर रहे हैं, तो रिवरसाइड FM (निःशुल्क योजना उपलब्ध) का उपयोग करें।

काम की बात: अगर आप अपने मोबाइल फोन द्वारा वीडियो अथवा ऑडियो रिकार्ड करना चाहते पर फोन को हाथ में धरे नहीं रखना चाहते तो उसके लिये लैवलियर माइक्रोफ़ोन बढ़िया रहता है। इसे लैपल माइक भी कहा जाता है और इसे आप अपनी शर्ट, टाई या कोट पर आसानी से लगा सकते हैं।

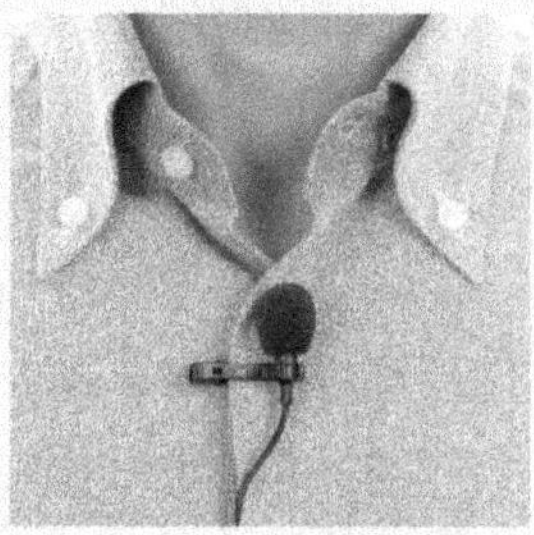

चरण 2: अपने पॉडकास्ट को पेशेवर तरीके से संपादित करें

आपकी कच्ची रिकॉर्डिंग में अक्सर अम्म, आह, की आवाज़ या लंबे विराम और पृष्ठभूमि शोर शामिल होते हैं। इन्हें पूरी तरह हटाने की कोई खास दरकार नहीं होती पर ध्वनि संपादन इसे काफी हद तक ठीक भी कर सकता है!

ऑडियो संपादन के लिये आप ऑडैसिटी, गराजबैंड अनुप्रयोग या फिर एडोब पॉडकास्ट और ऑफोनिक जैसे AI-संचालित *आनलाईन टूल्स* का प्रयोग कर सकते हैं। इनके द्वारा अनचाहा पार्श्व शोर हटा सकते हैं, स्वचालित रूप से *वॉल्यूम* समायोजित कर सकते हैं और आवाज़ की गुणवत्ता बढ़ा सकते हैं।

इस पुस्तक में हर टूल के प्रयोग की विधि बताना तो असंभव होगा, परंतु परिशिष्ट 2 में हमने ऑडैसिटी द्वारा कुछ ज़रूरी काम करने के तरीके बताये हैं, जैसे कि शोर हटाना, संगीत या *इफेक्ट्स* डालना, *फेड इन आउट* वगैरह।

चरण 3: अपना पॉडकास्ट निःशुल्क अपलोड करें

पॉडकास्ट की फाइल तो सहेजने के लिये आपको वेब स्टोरेज की ज़रूरत होती है। यदि आपके पास स्वयं की वेब होस्टिंग सेवा उपलब्ध है तो आप अपनी फाइल वहाँ संग्रहित कर सकते हैं। मसलन लेखक ने पॉडभारती की वेबसाइट पहले पहल अपनी होस्टिंग सेवा का प्रयोग कर वर्डप्रेस पर बनाई थी। अपनी ऑडियो फाइलें सहेजने के लिये आप विभिन्न मुफ्त सेवाओं जैसे की Blogger.com और Wordpress.com की मुफ्त होस्टिंग या फिर Dropbox, Google Drive वगैरह प्रयोग कर सकते हैं पर हमारी राय की कि अपना काम आसान करने के लिये स्पॉटिफाई फॉर क्रियेटर्स जैसे निःशुल्क प्लेटफॉर्म का प्रयोग करें क्योंकि ये खास पॉडकास्टर्स के लिये ही बनें हैं। आपको बस ये करना हैः

1. https://creators.spotify.com/ पर जाएं, *साइन अप* करें
2. अपना नया पॉडकास्ट बनाने के लिये "Add a new show" कड़ी पर जायें और अगली स्क्रीन पर "Create a new Show" का विकल्प चुनें (चित्र 6)।
3. अगले पृष्ठ (चित्र 7) पर अपने नये पॉडकास्ट की जानकारी भरें, जैसे की उसका नाम, विवरण, *क्रियेटर* यानी आपका नाम, पॉडकास्ट की श्रेणियाँ जैसे कि कॉमेडी या फूड, और भाषा। सही श्रेणी चुनना बहुत ज़रूरी है क्योंकि अधिकांश प्लेटफॉर्म इसी के आधार पर आपके पॉडकास्ट को *रिकमेंड* करते हैं। अगले अध्याय में हम इस पर विस्तार से चर्चा करेंगे।

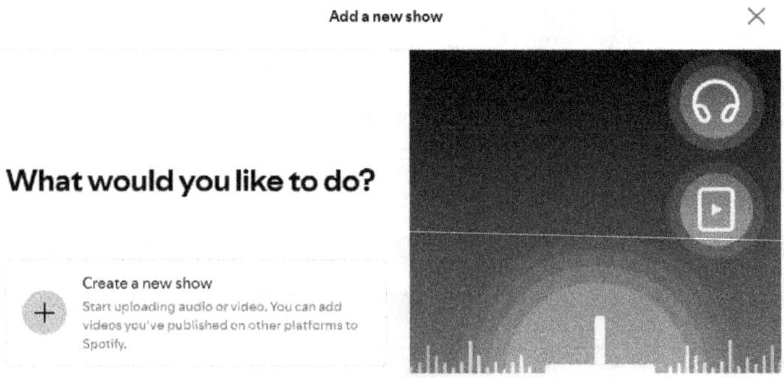

चित्र 6: स्पाटिफाई पर नया शो जोड़ने की स्क्रीन

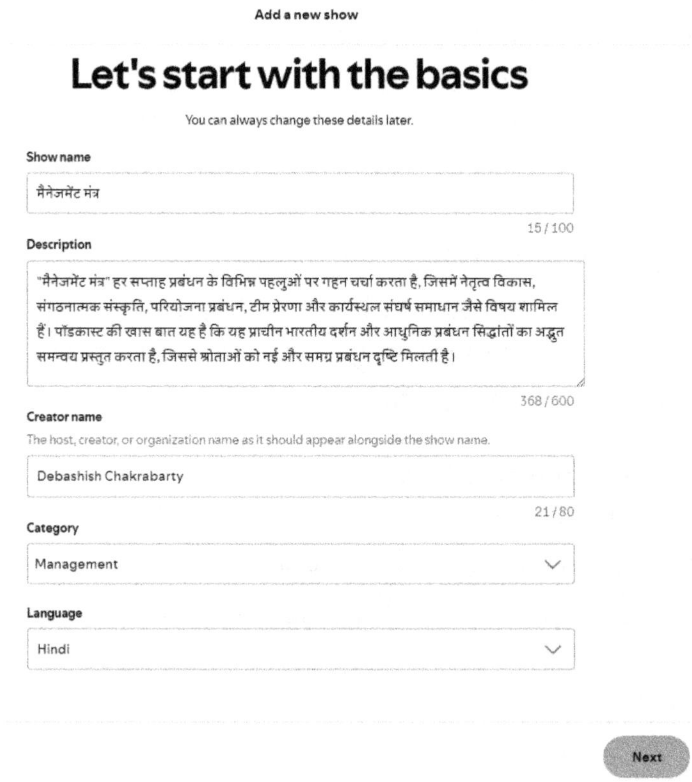

चित्र 7: शो से जुड़ी जानकारी भरने की स्क्रीन

4. इसके बाद अपने पॉडकास्ट का प्रतिनिधित्व करती एक सुंदर सी कवर इमेज अपलोड कर दें (चित्र 8)। ये चौकोर आकार की होनी चाहिये। इसे

(और एपिसोड कवर आर्ट) बनाने के लिये आप माइक्रोसॉफ्ट डिजाइनर [41] या कैन्वा [42] के मुफ्त संस्करण का प्रयोग कर सकते हैं।

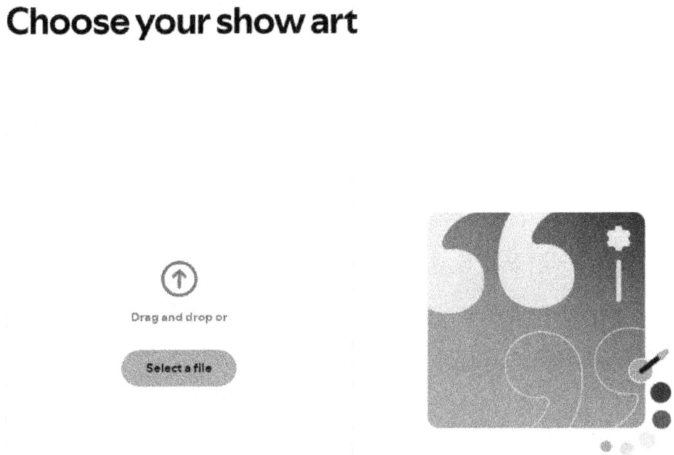

चित्र 8: पॉडकास्ट के कवर आर्ट को अपलोड करने की स्क्रीन

5. अब अपने पॉडकास्ट की MP3 या Wav फाइल अपलोड करें, चाहें तो MP4 या MOV वीडियो भी अपलोड कर सकते हैं। अपने एपिसोड का शीर्षक, विवरण और कवर आर्ट जोड़ें और फिर इसे प्रकाशित कर दें।
6. कुछ ही क्षणों में आपका पॉडकास्ट स्पॉटिफाई पर लाइव हो जायेगा। इसकी कड़ी सहेज कर रखें और सोशल मीडिया पर और अपने परिवार व मित्रों के बीच इसका ज़िक्र करें।

चरण 4: अपने पॉडकास्ट को वितरित करें

अब पॉडकास्ट तो बन गया और स्पॉटिफाई पर उपलब्ध भी हो गया पर अधिक श्रोता इसे सुन सकें इसके लिये आपको इसे और विभिन्न पॉडकास्ट प्लैटफॉर्म जैसे कि एप्पल, अमेज़ॉन, गाना, सावन, वगैरह पर भी वितरित करना चाहिये। ये बड़ा ही आसान है क्योंकि स्पॉटिफाई फॉर क्रियेटर्स ने आपको अपने पॉडकास्ट की एक खास RSS फ़ीड भी प्रदान की है। जैसे कि मेरे पॉडकास्ट सोपान की RSS फ़ीड की कड़ी https://anchor.fm/s/45c1e1f8/podcast/rss है। इसे आप

https://creators.spotify.com/pod/dashboard/podcast/distribution पृष्ठ पर "RSS Distribution" के तले देख सकेंगे।

> **काम की बात:** सुनिश्चित कर लें कि "Add email to RSS feed" फील्ड में आपका सही ईमेल पता भरा हो, अन्यथा आपको अन्य स्थलों पर पॉडकास्ट *क्लेम* करने में दिक्कत आयेगी।

इसी पृष्ठ पर आपको विभिन्न *प्लैटफॉर्म्स* के नाम दिखेंगे। हर प्लेटफॉर्म का पॉडकास्ट *क्लेम* करने का अपना तरीका होता है, इसलिये वहाँ दिये निर्देशों का पालन करें। तकरीबन हर साईट पर आपको पहले खाता बनाना होगा फिर अपने पॉडकास्ट की RSS फ़ीड का पता और अन्य विवरण भरने होंगे जिसके कुछ दिनों बाद आपका पॉडकास्ट वहाँ के सुनने वालों को उपलब्ध हो जायेगा। याद रखियेगा कि एक बार सूचीबद्ध होने के बाद, जब भी आप एक नया एपिसोड अपलोड करते हैं, तो आपका पॉडकास्ट इन निर्देशिकाओं में स्वचालित रूप से अपडेट हो जाएगा!

निम्नलिखित निर्देशिकाओं में अपना पॉडकास्ट अवश्य पंजीकृत करायें ताकि आपका पॉडकास्ट अधिकाधिक श्रोताओं तक पहुंच सके।

- एप्पल पॉडकास्ट्स कनेक्ट https://podcastsconnect.apple.com/
- अमेज़न म्यूजिक https://podcasters.amazon.com/
- गाना फॉर पॉडकास्टर्स https://podcasts.gaana.com/login
- जीओ सावन योरकास्ट https://yourcast.jiosaavn.com/
- कास्टबॉक्स https://castbox.fm/podcasters-tools/
- गुडपॉड्स https://goodpods.com/claim-podcast
- आईहार्ट रेडियो https://podcasters.iheart.com/
- पॉकेटकास्ट https://www.pocketcasts.com/
- पॉडचेज़र https://www.podchaser.com/

पॉडकास्ट श्रोताओं तक कैसे पहुँचते हैं?

क्या आपने कभी सोचा है कि पॉडकास्ट के एपिसोड क्रिएटर यानि आपके पास से आपके श्रोताओं के कानों तक पहुँचता कैसे है? यह पूरी यात्रा होस्टिंग प्लेटफ़ॉर्म, कंटेंट डिलीवरी नेटवर्क (CDN) और आपके पसंदीदा पॉडकास्ट ऐप के संयोजन पर निर्भर करती है। यहाँ प्रक्रिया का एक सरल विवरण दिया गया है, जिससे आपको उस तकनीक की सराहना करने में मदद मिलेगी जो आपके शो को सहजता से श्रोताओं तक पहुंचाती है।

तो यह प्रक्रिया तब शुरू होती है जब कोई पॉडकास्टर यानि आप अपनी ऑडियो फ़ाइल (एपिसोड) को रिकॉर्ड करके पॉडकास्ट होस्टिंग सेवा पर अपलोड करते हैं। यह होस्ट, जैसे कि स्पाटिफाई, सभी एपिसोड्स के लिए एक केंद्रीय लाइब्रेरी के रूप में कार्य करता है और एक RSS फ़ीड बनाता है (अधिक जानकारी के लिये परिशिष्ट 1: "ऑडियो क्रांति का असली हीरोः RSS फ़ीड" भी देखें), एक विशेष फ़ाइल जिसमें सभी उपलब्ध एपिसोड और उनके विवरण सूचीबद्ध होते हैं।

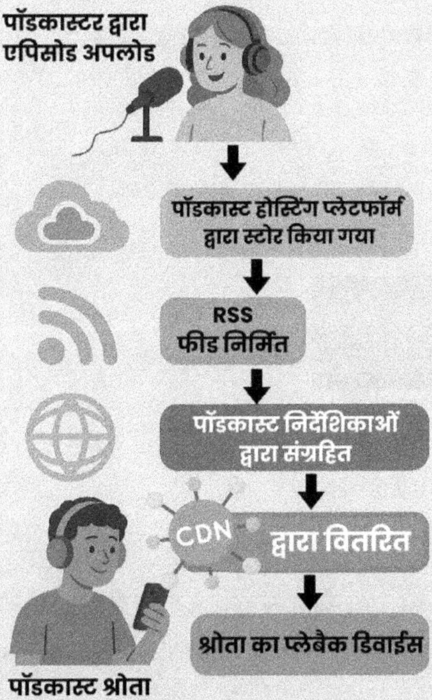

चित्र 9: पॉडकास्ट की क्रियेटर से श्रोता के कानों तक की यात्रा

जब भी कोई नया एपिसोड अपलोड होता है, तो ये पॉडकास्ट होस्ट RSS फ़ीड को अपडेट करता है। यह फ़ीड वह जालपता है जिसका उपयोग पॉडकास्ट निर्देशिकाएँ (जैसे Apple पॉडकास्ट) और पॉडकास्ट ऐप यह जानने के लिए करते हैं कि नया कंटेंट उपलब्ध है या नहीं।

ऐसा मानें कि होस्ट के घर लगा एक पोस्टबॉक्स के समान है जहाँ वह अक्सर जाकर जाँच करता है कि कोई नया खत आया की नहीं।

पर अगर आप भारत में हैं तो आपका अंक दुनिया भर में आसानी से कैसे डाउनलोड हो जाता है? तेज़ और विश्वसनीय डिलीवरी सुनिश्चित करने के लिए, पॉडकास्ट होस्ट CDN यानि कंटेंट डिलीवरी नेटवर्क का उपयोग करते हैं। CDN दुनिया भर में फैले कंप्यूटर सर्वरों का एक नेटवर्क है, जिनमें से प्रत्येक आपकी पॉडकास्ट फ़ाइलों की प्रतियों को अपने कैश में संजो कर रखता है। जब कोई श्रोता प्ले बटन दबाता है, तो CDN उनके सबसे नज़दीकी सर्वर से एपिसोड डिलीवर करता है, जिससे देरी और बफरिंग कम होती है।

जब कोई श्रोता किसी शो की सदस्यता लेता है, तो उनका ऐप सीधे CDN या होस्टिंग सर्वर से नवीनतम एपिसोड डाउनलोड या स्ट्रीम करता है, यह इस बात पर निर्भर करता है कि प्लेटफ़ॉर्म कैसे सेट किया गया है।

अंत में, एपिसोड श्रोता के डिवाइस पर चलाया जाता है, यानी उनके फ़ोन, टैबलेट या कंप्यूटर पर। CDN की बदौलत, अनुभव सहज और तेज़ है, भले ही हज़ारों लोग एक साथ सुन रहे हों।

अगला कदम

अब जब आपका पॉडकास्ट लाइव हो गया है, अगला कदम है अपने श्रोताओं की संख्या बढ़ाना।

🎯 अगले अध्याय में, हम निम्नलिखित विषयों पर चर्चा करेंगे: अपने पहले 1,000 श्रोताओं तक कैसे पहुंचें, नए पॉडकास्टरों के लिए सर्वोत्तम विपणन रणनीतियाँ, और प्रचार के लिए इंस्टाग्राम, यूट्यूब और ट्विटर (अब X) का उपयोग कैसे करें

***

5 अपने पॉडकास्ट को विकसित और प्रचारित कैसे करें

हार्दिक बधाई! 🎉 आपका पॉडकास्ट अब प्रसारित हो रहा है। परंतु वास्तविकता ये है कि पॉडकास्ट बनाना एक बात है, और श्रोताओं को आकर्षित करना दूसरी।

इस अध्याय में हम निम्नलिखित विषयों पर चर्चा करेंगे:

- अपने प्रथम 1,000 श्रोताओं को कैसे आकर्षित करें
- अपने पॉडकास्ट का निःशुल्क प्रचार करने के सर्वोत्तम तरीके
- पॉडकास्ट प्रचार के लिए सोशल मीडिया का उपयोग
- अपने पॉडकास्ट को खोजने योग्य बनाने के लिए एसईओ युक्तियाँ
- अतिथि प्रस्तुतियाँ और सहयोग

चरण 1: अपने पॉडकास्ट को खोजने योग्य बनाएँ

आप गूगल, स्पॉटिफाई, एप्पल पॉडकास्ड्स को खोज इंजन के रूप में समझें। यदि कोई किसी विषय की खोज करता है, तो आपका पॉडकास्ट दिखना चाहिए! ये तभी हो सकता है जब आपके पॉडकास्ट के विवरण सर्च इंजन के लिये *आप्टीमाईज्ड* हों। इसे ही SEO कहते हैं।

अपने पॉडकास्ट को एसईओ के लिए अनुकूलित कैसे करें

1. **कीवर्ड-समृद्ध शीर्षक चुनें:** "प्रणय के साथ तकनीकी बातचीत" के बजाय, "प्रणय के साथ *टेक ट्रेंड्स* और *आर्टिफिशल इंटेलिजेंस*" का असर बेहतर होगा, क्योंकि ये सर्च इंजन को ये बताता है कि आपका विषय तकनीकी तथा *आर्टिफिशल इंटेलिजेंस* (एआई) संबंधित है।
2. **प्रभावशाली विवरण लिखें:** अपने पॉडकास्ट संबंधित मुख्य शब्द या *कीवर्ड* विवरण में शामिल करें (उदाहरण के लिए, "इस साप्ताहिक पॉडकास्ट में जानें कि *आर्टिफिशल इंटेलिजेंस* भविष्य को कैसे बदल रहा है।")
3. **उचित टैग और श्रेणियों का उपयोग करें:** प्रासंगिक और सबसे उचित श्रेणियाँ चुनें (जैसे, "प्रौद्योगिकी," "आत्म-सुधार," आदि)

4. **अपने एपिसोड का प्रतिलेखन करें:** अपने एपिसोड के ट्रांस्क्रिप्ट को अपनी पॉडकास्ट वेबसाइट या शो नोट्स में अपलोड करें। ट्रांस्क्रिप्ट से हमारा आशय है आपके पॉडकास्ट के ऑडियो का लिखित संस्करण, ये एसईओ को बढ़ावा देने का बढ़िया तरीका है! अडोबी पॉडकास्ट व रिवरसाईड जैसे टूल आपके अंक की ट्रांस्क्रिप्ट स्वचालित रूप से बना देते हैं।

चरण 2: सोशल मीडिया पर अपने पॉडकास्ट का प्रचार करें

सोशल मीडिया श्रोताओं को खोजने और उनके साथ जुड़ने का सर्वोत्तम स्थान है। परंतु आपको कहाँ ध्यान केंद्रित करना चाहिए?

पॉडकास्ट प्रचार के लिए सर्वोत्तम प्लेटफ़ॉर्म

1. इंस्टाग्राम रील्स और स्टोरीज़ – टीज़र क्लिप के लिए उत्तम
2. यूट्यूब शॉर्ट्स – संक्षिप्त, आकर्षक अंशों के लिए आदर्श
3. ट्विटर (एक्स) – उद्धरण, पोल और एपिसोड हाइलाइट्स पोस्ट करें
4. लिंक्डइन – यदि आपका पॉडकास्ट व्यापार, करियर, या आत्म-विकास के बारे में है
5. फेसबुक/ गूगल समूह – विशिष्ट समुदायों में शामिल हों और अपना पॉडकास्ट साझा करें

काम की बात: हेडलाइनर.ऐप [43] (निःशुल्क!) का उपयोग करके 30-सेकंड के टीज़र क्लिप बनाएँ। स्वचालित रूप से उत्पन्न उपशीर्षक (subtitle) जोड़ें (अधिकांश लोग सोशल मीडिया पर साउंड बंद रखकर स्क्रॉल करते हैं)।

सोशल मीडिया पर क्या पोस्ट करें?

- एपिसोड के अंश (*कैप्शन* के साथ छोटे क्लिप)
- पर्दे के पीछे की सामग्री (आपका रिकॉर्डिंग सेटअप, मज़ेदार क्षण)
- पोल और प्रश्न (अपने दर्शकों को संलग्न करें)
- मीम्स और संबंधित सामग्री (हल्के-फुल्के प्रचार)

इंस्टाग्राम स्टोरी का उदाहरण:

नया एपिसोड अब उपलब्ध!

क्या कृत्रिम बुद्धिमत्ता मनुष्यों का स्थान ले सकती है? हमारे नवीनतम एपिसोड 5 में शामिल हों जहाँ हम कृत्रिम बुद्धिमत्ता और स्वचालन के भविष्य पर गहराई से चर्चा करते हैं। अब स्पॉटिफाई पर उपलब्ध! #पॉडकास्ट #कृत्रिमबुद्धिमत्ता #भविष्यकीतकनीक लिंक हमारे बायो में है! अभी सुनें

चरण 3: दूसरे पॉडकास्ट्स से जुड़ें (सहयोग तेज़ विकास का बेहतरीन माध्यम है)

किसी अन्य पॉडकास्ट पर साक्षात्कार देने से आप तुरंत एक नए दर्शक वर्ग से परिचित होते हैं। यह विकास का सबसे तीव्र तरीका है!

अतिथि के रूप में आमंत्रित कैसे हों?

- अपने क्षेत्र में समान पॉडकास्ट ढूंढें (Podchaser.com का उपयोग करें)
- एक संक्षिप्त और स्पष्ट ईमेल भेजें (नीचे उदाहरण देखें)
- अपनी खासियत और मूल्य बतायें (उदाहरण के लिए, "मैं कृत्रिम बुद्धिमत्ता और स्वचालन के भविष्य विषय पर अपनी अंतर्दृष्टि साझा कर सकता/सकती हूँ जिसे आपके श्रोता ज़रूर पसंद करेंगे!")

प्रस्ताव ईमेल का उदाहरण:

विषय: [पॉडकास्ट नाम] के लिए गेस्ट स्पीकर

नमस्ते [होस्ट का नाम],

मैं [आपका नाम] हूँ, [आपके पॉडकास्ट का नाम] का होस्ट। मुझे आपका शो [पॉडकास्ट नाम] बहुत पसंद है, विशेष रूप से [विशिष्ट विषय] पर आपका एपिसोड! आपके पॉडकास्ट से हमेशा कुछ न कुछ नया सीखने को मिलता है।

कुछ मेरे बारे में [अपना संक्षिप्त परिचय दें, अनुभव पर जोर दें]। मुझे बेहद खुशी होगी यदि [आपके विषय] पर चर्चा के लिए मैं आपके पॉडकास्ट के साथ जुड़ सकूं। मुझे लगता है कि आपके श्रोता [आपकी उपस्थिति का मुख्य लाभ] से लाभांवित होंगे।

कृपया मुझे बताएँ कि हम एक दूसरे का कैसे सहयोग कर सकते हैं!

शुभकामनाओं सहित,

[आपका नाम]

चरण 4: एक निष्ठावान समुदाय का निर्माण करें (श्रोताओं को वापस लाएँ!)

आपका श्रोता वर्ग ऐसा होना चाहिये जो आपको केवल एक बार नहीं बार-बार सुनना चाहें। यह तभी संभव है यदि वे आपके पॉडकास्ट को सब्सक्राईब करें और सतत संपर्क में रहें!

अपने पॉडकास्ट के इर्द गिर्द एक समुदाय कैसे बनाएँ?

- **व्हाट्सएप/टेलीग्राम समूह शुरू करें** – इसमें अपडेट और विशेष सामग्री साझा करें
- **ईमेल सूची बनाएँ** – एपिसोड सारांश भेजने के लिए सबस्टैक [44] या बीहिव जैसे मुफ्त न्यूजलेटर्स का उपयोग करें
- **सोशल मीडिया पर सक्रिय रहें** – डीएम और टिप्पणियों का जवाब दें!
- **निष्ठावान श्रोताओं को प्रोत्साहित करें** – एपिसोड में उनका उल्लेख करें

काम की बात: लोगों को एप्पल पॉडकास्ट्स, स्पॉटिफाई, पॉडचेज़र वगैरह पर रेटिंग देने व समीक्षा लिखने के लिए प्रोत्साहित करें! अधिक समीक्षाएँ मतलब अधिक *विजिबिलिटी*।

चरण 5: निरंतरता आवश्यक है

अध्याय 3 में भी हमने पढ़ा कि यदि आप हफ़्तों के लिए गायब हो जाते हैं, तो लोग आपके पॉडकास्ट को भूल जाते हैं। इसलिये सुनिश्चित करें कि आपके अंक निश्चित अंतराल पर निर्बाध प्रकाशित होते रहें।

निरंतर कैसे रहें?

- एक निश्चित अनुसूची चुनें, उदाहरण के लिए: हर सोमवार
- एपिसोड *बैच* में रिकॉर्ड करें, अग्रिम रूप से 2-3 एपिसोड रिकॉर्ड कर रखें
- एक कंटेंट कैलेंडर बनाएँ, पहले से विषयों की योजना बनाने के लिये

काम की बात: प्रति सप्ताह 1 एपिसोड भी पर्याप्त है। याद रखेंः निरंतरता ज्यादा महत्वपूर्ण है, मात्रा नहीं। जब आप अपने अंक अग्रिम रूप से बना कर रखते हैं तो आप पर से निरंतर प्रकाशन का दबाव कम हो जाता है और आप आगामी अंकों की सामग्री का संकलन, अतिथि संयोजन, अंकों की पब्लिसिटी, वगैरह अधिक व्यवस्थित रूप से कर पाते हैं।

डिजिटल चैनलों की मदद से दर्शक वर्ग का निर्माण

अमित वर्मा का "द सीन एंड द अनसीन" भारत के सबसे सफल पॉडकास्ट में शुमार है, जो लंबे-फ़ॉर्मेट कंटेंट, दर्शकों से सीधे जुड़ाव और सक्रिय सामुदायिक जुड़ाव की नींव पर बना है। वर्मा ने शुरुआत में छोटे एपिसोड जारी किए, लेकिन श्रोताओं की मजबूत प्रतिक्रिया के बाद प्रारूप बदल दिया, उनके अंक 2-3 घंटों के होते हैं। वर्मा कहते हैं [45], "लोग गहन ज्ञान के भूखे हैं। यह सच नहीं है कि लोगों का *अटेंशन स्पैन* कम हो गया है... मुझे तो उलटे यह प्रतिक्रिया मिलती है कि एपिसोड की अवधि कम है।"

उनके शो को लगभग 70% शुरुआती ट्रैफ़िक सोशल मीडिया, विशेष रूप से एक्स ट्विटर के माध्यम से मिलता है, जहाँ वर्मा एपिसोड साझा करते हैं और *फॉलोवर्स* से

जुड़ते हैं। हालाँकि ईमेल न्यूज़लेटर्स का उनका उपयोग सीमित है, वर्मा मानते हैं कि शोरगुल वाले प्लेटफ़ॉर्म से परे दर्शकों का भरोसा और गहरी सहभागिता बनाने में वे महत्वपूर्ण हैं।

वर्मा का मॉडल पॉडकास्टर्स के लिए एक सिद्ध खाका पेश करता है: विषय में गहराई रखें, अपने दर्शकों से सीधे संपर्क बनाएं और प्रत्येक एपिसोड को एक स्थायी संग्रह के हिस्से के रूप में देखें।

अगला कदम

अब जब आप समझ चुके हैं कि अपने पॉडकास्ट को कैसे विकसित करें, तो समय है अगले बड़े सवाल का: आप अपने पॉडकास्ट से धन कैसे अर्जित कर सकते हैं? जी हाँ, ये मुमकिन है।

🎯 अगले अध्याय में हम निम्नलिखित विषयों पर चर्चा करेंगे: 1/ प्रायोजक और विज्ञापन कैसे प्राप्त करें (यहाँ तक कि एक छोटे दर्शक वर्ग के साथ भी!), 2/ क्राउडफंडिंग और श्रोताओं के दान द्वारा धन कैसे कमाएँ, 3/ अपने पॉडकास्ट के माध्यम से अपने स्वयं के उत्पादों या पाठ्यक्रमों को कैसे बेचें।

***

6 अपने पॉडकास्ट से आय अर्जित करना

अब जब आपने अपना पॉडकास्ट स्थापित कर लिया है और इसे विकसित करना शुरू कर दिया है, तो आइए हम इससे धन अर्जित करने के बारे में बात करें। इसमें कोई शक नहीं कि लगातार उत्कृष्ट सामग्री बनाते रहने के लिये आपमें एक जुनून होना जरूरी है। पर यदि इस के साथ आपका जुनून आपको आय अर्जन में भी मदद करे, तो ये आपके पॉडकास्टिंग के कार्य को टिकाऊ बना सकता है। संभव है कि आप इसे एक अतिरिक्त आय स्रोत के रूप में या पूर्णकालिक करियर के रूप में भी अपनाना चाहें।

इस अध्याय में हम बात करेंगे कि:

- पॉडकास्ट से कैसे कमाई करें (छोटे दर्शक वर्ग के साथ भी!)
- नवागंतुकों के लिए सर्वोत्तम आय अर्जन रणनीतियां
- भारतीय पॉडकास्टर कितना कमाते हैं?
- प्रायोजकों से कैसे संपर्क करें?
- प्रत्यक्ष श्रोता समर्थन के लिए पेट्रियन और को-फी जैसे प्लेटफार्मों का उपयोग

चरण 1: क्या आप एक छोटे पॉडकास्ट से पैसे कमा सकते हैं?

संक्षिप्त उत्तर: शायद हां!

यूट्यूब के विपरीत (जहां विज्ञापन राजस्व प्रति मिलियन व्यूज़ पर आधारित होता है), पॉडकास्टिंग से छोटे निर्माताओं को भी इन माध्यमों से कमाई का ज़रिया प्रदान करती है, ये ज़रिया हैं:

1. **प्रायोजन:** यानि स्पांसरशिप
2. **यूट्यूब पार्टनर कार्यक्रम एडसेंस:** खास तौर पर वीडीयो पॉडकास्ट्स के लिये उपयुक्त

3. **अफीलियेट मार्केटिंग**: इसका जिक्र हमने प्राक्कथन में किया था। *फाईनैंस विथ शरण* [46] के **शरण हेगडे** यूट्यूब एडसेंस, अफीलियेट मार्केटिंग और स्पांसरशिप द्वारा प्रति माह लगभग 45 लाख रुपये कमाते हैं।
4. **क्राउडफंडिंग:** यानि श्रोता का सीधा समर्थन
5. **उत्पादों और सेवाओं की बिक्रीः** वोइस विद वारिकू के अंकुर अपनी पुस्तकें और पाठ्यक्रम बेचने के लिए व्यक्तिगत ब्रांडिंग का उपयोग करते हैं। इनकी सालाना कमाई लगभग 17 करोड़ रुपये है।
6. **ब्राँड पार्टनरशिपः** प्रायोजित एपिसोड, उत्पाद प्लेसमेंट या विज्ञापन के लिए ब्रांडों के साथ सहयोग। उदाहरणः माउंटेन ड्यू और AJIO के साथ **बीयरबाइसेप्स** की साझेदारी। सालाना आयः 60 करोड़ रुपये।
7. **प्रीमियम सामग्री व सदस्यताः** पैट्रियन [47] जैसे प्लेटफॉर्म द्वारा रचनाकार भुगतान करने वाले ग्राहकों के लिए विशेष सामग्री उपलब्ध कराते हैं। उदाहरणः *इंडियन नोयर* [48] हॉरर पॉडकास्ट के निकेश मुरली।

ब्रांड स्टोरीटेलिंग को अप्रत्यक्ष मॉनिटाईजेशन (monetization) विधि के रूप में एकीकृत करने पर **बॉम्बे शेविंग कंपनी** के संस्थापक व द बार्बरशॉप पॉडकास्ट के होस्ट **शांतनु देशपांडे** कहते [49] हैं, "मैं हर एपिसोड में बहुत उद्देश्यपूर्ण तरीके से अपनी कंपनी के बारे में छह से आठ किस्से, सूचना बिंदु और गुणात्मक अंतर्दृष्टि डालता हूँ। मैं दूसरे व्यक्ति को भी अपनी कंपनी के बारे में बात करने के लिए प्रेरित करता हूँ। मैं कंपनी का लोगो और अपने उत्पाद नहीं दिखाता, लेकिन बातचीत उसके बारे में ही होती है, बस लोगों को यह प्रत्यक्ष रूप से पता नहीं चलता।"

मॉनिटाईजेशन के लिए पैट्रियन पर शिफ्ट होने और भारत में खास तरह के पॉडकास्ट के प्रायोजन की चुनौतियों पर ***इंडियन नोयर*** पॉडकास्ट के होस्ट **निकेश** कहते [20] हैं, "एक्सक्लूसिवि डील के अच्छे पुराने दिन खत्म हो चुके हैं। पुस्तक प्रकाशन से कमाई में वर्षों से गिरावट आ रही है। इसलिए ये दोनों विकल्प एक समान हैं। अगर लोग सुनना जारी रखना चाहते हैं तो उन्हें पैट्रियन पर जाना होगा और निजी फ़ीड के माध्यम से Spotify पर सुनने के लिए सदस्यता लेनी होगी। मैं खुशकिस्मत हूं है कि मेरे पास एक नियमित नौकरी भी है जो मुझे शौकिया तौर पर ऑडियो स्टोरीटेलिंग का अपना जुनून पूरा करने का मौका देती है।"

चरण 2: प्रायोजन और विज्ञापन (पॉडकास्ट आय का सबसे बड़ा स्रोत!)

इसके अंतर्गत ब्रांड पॉडकास्टरों को अपने उत्पाद/सेवा का उल्लेख या समीक्षा करने के लिए भुगतान करते हैं। पॉडकास्ट विज्ञापनों के 3 प्रकार हैं:

- *प्री-रोल* विज्ञापन (एपिसोड शुरू होने से पहले)
- *मिड-रोल* विज्ञापन (सर्वाधिक भुगतान करने वाले, एपिसोड के मध्य में डाले जाते हैं)
- *पोस्ट-रोल* विज्ञापन (अंत में, कम प्रभावी)

प्रायोजक कितना भुगतान करते हैं?

प्रायोजन दरें सीपीएम (प्रति 1,000 सुनने की लागत) पर आधारित हैं

- छोटे पॉडकास्ट (जो प्रति एपिसोड 500-1,000 सुना गया): प्रति विज्ञापन रुपये 500 से रुपये 5,000
- मध्यम पॉडकास्ट (जो प्रति एपिसोड 10,000+ सुना गया): प्रति विज्ञापन रुपये 10,000 से रुपये 50,000
- बड़े पॉडकास्ट (जो प्रति एपिसोड 50,000+ सुना गया): प्रति विज्ञापन रुपये 1,00,000+

काम की बात: यदि बड़े ब्रांड आपकी उपेक्षा करते हैं, तो छोटे से शुरुआत करें! स्थानीय व्यवसाय और स्टार्टअप अक्सर साझेदारी करने के लिए अधिक इच्छुक होते हैं।

प्रायोजक कैसे प्राप्त करें (भले ही आप नए हों!)

- आपने पॉडकास्ट की पहुंच बढ़ायें, डाउनलोड संख्या का खासा महत्व है।
- अपने क्षेत्र में ब्रांड खोजें (तकनीक, वित्त, स्वास्थ्य, शिक्षा)
- संभावी प्रायोजकों को ईमेल प्रस्ताव भेजें (उदाहरण नीचे)
- ओडेसी क्रियेटर्स [50] जैसे प्लेटफॉर्म का उपयोग करें

✅ **प्रायोजन प्रस्ताव ईमेल का उदाहरण:**

विषय: [पॉडकास्ट नाम] के साथ साझेदारी का अवसर

नमस्ते [ब्रांड प्रबंधक का नाम],

मैं [आपका नाम] हूँ, [पॉडकास्ट नाम] का होस्ट, जहां हम [पॉडकास्ट विषय] के बारे में बात करते हैं। हमारे श्रोताओं में [लक्षित जनसांख्यिकी] शामिल हैं।

मैं [ब्रांड नाम] को प्रायोजक के रूप में शामिल करना चाहूंगा/चाहूंगी। हमारे एपिसोड मासिक [डाउनलोड संख्या लिखें] बार सुने जाते हैं, और मुझे विश्वास है कि हमारे श्रोता आपके उत्पाद को पसंद करेंगे।

आइए चर्चा करें कि हम कैसे सहयोग कर सकते हैं! आपकी प्रतिक्रिया का इंतज़ार रहेगा।

शुभकामनाओं सहित,

[आपका नाम]

चरण 3: अफिलियेट विपणन यानि उत्पादों की सिफारिश

अफिलियेट मार्केटिंग में आप एक उत्पाद का प्रचार करते हैं, और हर बिक्री पर कमीशन कमाते हैं। पॉडकास्टरों के लिए सर्वोत्तम भारतीय अफिलियेट मार्केटिंग कार्यक्रम निम्नलिखित हैं:

- अमेज़न एसोसिएट्स [51] (प्रति बिक्री 10% तक कमाएं)
- फ्लिपकार्ट अफिलिएट [52] (तकनीकी/गैजेट पॉडकास्ट के लिए बेहतर)
- होस्टिंगर, ब्लूहोस्ट, ड्रीमहोस्ट (तकनीकी/व्यावसायिक पॉडकास्टरों के लिए सर्वोत्तम)
- यूडेमी, स्किलशेयर, कोर्सेरा (शिक्षा/आत्म-सुधार पॉडकास्ट के लिए)

✅ **पॉडकास्ट में अफिलियेट लिंक का उपयोग करने के उदाहरणः**

- "मैं अपना पॉडकास्ट रिकॉर्ड करने के लिए [फलां टूल] का उपयोग करता/करती हूँ। यदि आप इसे आजमाना चाहते हैं, तो मेरे लिंक का उपयोग करें: [अफिलियेट लिंक]"

- "इस सप्ताह मेरी अनुशंसित पुस्तक है: *एटॉमिक हैबिट्स*। मुझे ये किताब इसलिये अच्छी लगी क्योंकि [कारण बतायें]। आप इसे यहां [अफिलियेट लिंक] से खरीद सकते हैं।"

चरण 4: क्राउडफंडिंग (श्रोताओं को आपका समर्थन करने दें!)

हर पॉडकास्टर अपनी सामग्री में विज्ञापन नहीं डालना चाहता। अगर आपके पास तगड़ा श्रोता वर्ग हैं तो वो जरूर आपकी रचनात्मकता को प्रोत्साहित करेंगे। क्राउडफंडिंग द्वारा आप उनसे एकमुश्त दान राशि या मासिक या वार्षिक सदस्यता शुल्क ले सकते हैं।

पॉडकास्ट के लिए सर्वोत्तम क्राउडफंडिंग प्लेटफॉर्म

1. **पेट्रियन** – मासिक समर्थन, विशेष पेड सामग्री
2. ***बाय मी ए कॉफी*** [53] – श्रोताओं से एकबारगी टिप्स लेने के लिये
3. **को-फी** [54] – दान आधारित क्राउडफंडिंग

काम की बात: Bit.ly या गूगल एनालिटिक्स का उपयोग करके अपनी अफिलियेट आय पर नज़र रखें।

चरण 5: अपने स्वयं के उत्पाद/सेवाओं की बिक्री

दूसरों का प्रचार करने के बजाय, अपना स्वयं का सामान क्यों न बेचें?

पॉडकास्टिंग के माध्यम से आप क्या बेच सकते हैं, इसके उदाहरण

1. **ई-पुस्तकें और ऑनलाइन पाठ्यक्रम:** अंकुर वारिकू [55] की तरह
2. **परामर्श (कंशल्टेशन) सेवाएं:** कोचिंग, प्रशिक्षण सत्र
3. **मर्चेंडाइज़:** टी-शर्ट, मग, स्टिकर, उदाहरणः ये लेखक के अंग्रेजी पॉडकास्ट से संबंधित मर्च शॉप है: https://agilechronicles-shop.fourthwall.com/

चरण 6: अपनी सामग्री का पुनः उपयोग और आय अर्जन

1. पॉडकास्ट क्लिप को यूट्यूब शॉर्ट्स और इंस्टाग्राम रील्स पर अपलोड करें, जैसे कि "द रणवीर शो" लंबे पॉडकास्ट एपिसोड के रोचक अंशों को यूट्यूब क्लिप या इंस्टाग्राम रील्स द्वारा पुनः उपयोग करता है, जिससे अतिरिक्त दृश्य और विज्ञापन राजस्व प्राप्त होता है!
2. लोकप्रिय एपिसोड को ब्लॉग पोस्ट में बदलें (SEO boost!)
3. एक ईमेल न्यूज़लेटर बनाएं और इसमें प्रायोजन बेचें

आउल्ड मीडिया के सह-संस्थापक **आयुष वाधवा** कहते [49] हैं, “एक तीन घंटे के पॉडकास्ट सत्र से, हम 15 रील्स बना सकते हैं। ये लिंक्डइन पोस्ट, एक्स थ्रेड और विभिन्न चैनलों के लिए क्लिप में बदल सकते हैं। हमने अनुमान लगाया है कि एक पॉडकास्ट से 64 अलग-अलग तरह की सामग्री मिल सकती है।”

काम की बात: पॉडकास्टिंग "तुरंत अमीर बनने की योजना" नहीं है, इससे कमाई की कोई गारंटी भी नहीं है, लेकिन निरंतरता और रणनीति द्वारा पैसे कमाना काफी हद तक संभव हैं। लेखक का यही सुझाव है कि पैसा कमाने के ध्येय से पॉडकास्टिंग शुरु न करें, ऐसा करने पर आपको शायद निराशा ही हाथ लगे। अच्छी सामग्री द्वारा पहले *लॉयल आडियंस* बनायें, और राहें तब खुलेंगी!

ध्यान रखें कि भारत में *पॉडकास्टिंग मॉनिटाईजेशन* और भी मुश्किल है क्योंकि स्पॉटिफाई जैसे प्लैटफॉर्म भारत में यह सुविधा नहीं देते, तिस पर ***स्ट्राईप*** जैसी पेमेंट सेवायें भारत में संप्रति व्यक्तिगत खाते नहीं खोलने दे रही है। ओडेसी जैसी पॉडकास्ट से जुड़ी विज्ञापन सेवायें भी आपको तभी मौका देंगी जब आपके प्रति एपिसोड डाउनलोड दर कम से कम 2000 हो।

इसलिये पहले अपनी *फॉलिविंग* बनायें। अगर आपकी *रीच* यानि पहुंच अच्छी है तो कमाई की राहें भी खुलेंगी।

कार्य योजना: आज ही पैसे कमाना कैसे शुरू करें!

1. यदि आपके पास 0-500 श्रोता हैं, तो अफीलियेट मार्केटिंग और क्राउडफंडिंग से शुरुआत करें
2. यदि आपके पास 1,000 से अधिक श्रोता हैं, तो प्रायोजन और विज्ञापनों से संपर्क करें
3. यदि आप दीर्घकालिक आय चाहते हैं तो पाठ्यक्रम, ई-पुस्तकें या परामर्श बेचें

ऑडियो से आगे जहाँ और भी हैं

कभी इंटरनेट के एक खास कोने के रिहायशी पॉडकास्ट ने एक रचनात्मक शक्ति के रूप में ऐसा विस्फोट किया है जो अब फिल्मों, टीवी शो और किताबों की एक नई लहर को बढ़ावा दे रहा है। जैसे-जैसे *स्ट्रीमिंग प्लेटफ़ॉर्म* और स्टूडियो नई, सिद्ध कहानियों की तलाश करते फिर रहे हैं, पॉडकास्ट अपने अंतर्निहित प्रशंसक आधार और बिंज करने योग्य कथाओं के बूते पर एक अनूठे सामग्री स्रोत बन गए हैं।

"पॉडकास्ट कुछ ही समय में टीवी निर्माताओं और पटकथा लेखकों के लिए अपने शो और फिल्मों के लिए अच्छी सामग्री की खोज करने के लिए पसंदीदा जगहों में से एक बन गया है", द इंडियन एक्सप्रेस की एक रिपोर्ट [56] कहती है। यह चलन अब स्थापित हो चुका है: जिसका आगाज़ आपके *ईयरबड्स* में हो वह जल्द ही अलग अवतारों में आपकी *स्क्रीन* या

आपकी *बुकशेल्फ़* पर भी प्रकट हो सकता है। कल्पना करें कि आपका पॉडकास्ट इतना लोकप्रिय हो जाये या फिल्म या टीवी निर्माताओं या किसी प्रकाशक को भा जाये, तो आपको अपने शौक से पैसे बनाने का एक पूर्णतः नया ज़रिया मिल सकता है।

गिमलेट मीडिया के मनोवैज्ञानिक थ्रिलर पॉडकास्ट *होमकमिंग* को ही लें। फ़ोन कॉल और थेरेपी सत्रों के ज़रिए बयां की गई इसकी कहानी ने हॉलीवुड का ध्यान खींचा और इसे **जूलिया रॉबर्ट्स** अभिनीत अमेज़ॉन प्राइम वीडियो सीरीज़ में रूपांतरित किया गया। इस शो ने न केवल आलोचकों की प्रशंसा प्राप्त की, बल्कि यह भी साबित किया कि *ऑडियो स्टोरीटेलिंग* को मनोरंजक *विज़ुअल ड्रामा* में भी बदला जा सकता है।

ट्रू क्राइम पॉडकास्ट विशेष रूप से इस तरह के अनुकूलन के लिए उपयुक्त होते हैं। *डर्टी जॉन*, जिसने जॉन मीहान के खौफनाक वास्तविक जीवन के कारनामों को दर्शाया, एक हिट टीवी सीरीज़ बन गई जिसने तदुपरांत गोल्डन ग्लोब नामांकन भी हासिल किया। इसी तरह, सीरियल नामक पॉडकास्ट, जिसने अमेरिका के ट्रू क्राइम के प्रति आकर्षण को दुबारा जगाया, को एचबीओ डॉक्यूसीरीज़ द *केस अगेंस्ट* अदनान सैयद में रूपांतरित किया गया।

मिथकों और किंवदंतियों की गहरी जड़ों की खोज करने वाले आरोन महन्के के *लोर* पॉडकास्ट को भी अमेज़ॉन प्राइम पर सीरीज़ के रूप में पेश किया गया, जिसमें कहानियों की पेंचदार अदायगी को बरकरार रखा गया था। *आर्काइव* 81 और द *हॉरर ऑफ़ डोलोरेस रोच* ने भी इसी तरह के रास्ते अपनाए, ऑडियो से स्क्रीन तक विकसित हुए और कामयाब रहे।

अनुकूलन की उछाल सिर्फ़ फ़िल्म और टीवी तक सीमित नहीं है। पॉडकास्ट प्रकाशन में भी लहरें बना रहे हैं। *माई फेवरेट मर्डर* की होस्ट कैरेन किल्गरिफ़ और जॉर्जिया हार्डस्टार्क ने *स्टे सेक्सी एंड डोंट गेट मर्डर्ड* लिखी, जो एक बेस्टसेलर किताब है। मार्क मैरन के WTF पॉडकास्ट, जिसमें मशहूर हस्तियों और कॉमेडियन के साथ बिंदास बातचीत होती है, ने

वेटिंग फ़ॉर द पंच नामक पुस्तक को प्रेरित किया।यहां तक कि डिज़ाइन और विज्ञान पॉडकास्ट भी प्रिंट में लोकप्रियता हासिल कर रहे हैं, जैसे कि 99% इनविजिबल बन गया *द 99% इनविजिबल सिटी*, जो रोज़मर्रा के डिज़ाइन की दुनिया के लिए एक फील्ड गाइड है।

पर पॉडकास्ट अन्य माध्यमों पर भी कैसे काम कर जाते हैं? दरअसल पॉडकास्ट में एक अनूठी बात होती है। वो है धारावाहिक रूप से चरित्र-चालित कहानियाँ, जो श्रोताओं को हफ़्ते-दर-हफ़्ते बांधे रखती हैं। ये कहानियाँ *रेडीमेड* दर्शकों के साथ ही एक ऐसी कथात्मक संरचना के मुताबिक रची होती हैं जो आज की *बिंज-वॉचिंग* संस्कृति में पूरी तरह से फिट बैठती है।

शिपवॉर्म (जिस पर *कंट्रोल* नाम से फ़िल्म बन रही है) और *हैप्पी फ़ेस* (2025 में टीवी के लिए निर्धारित) जैसी परियोजनाओं के साथ, पॉडकास्ट से स्क्रीन तक की पाइपलाइन में बढ़त ही बढ़त है। ऑडियो, वीडियो और प्रिंट के बीच के निरंतर घटते अंतर के बीच ध्यान रहे: अगला *ब्लॉकबस्टर* शायद आपका ही पॉडकास्ट हो।

दुनिया के टॉप 10 कमाई वाले पॉडकास्ट

पॉडकास्ट	मेजबान	अनुमानित वार्षिक आय	प्राथमिक मॉनिटाईजेशन विधि
द जो रोगन एक्सपीरियंस	जो रोगन	30–50 मिलियन डॉलर	एक्सक्लूसिव लाइसेंसिंग (स्पॉटिफाई), प्रायोजन
कॉल हर डैडी	एलेक्स कूपर	20–25 मिलियन डॉलर	एक्सक्लूसिव लाइसेंसिंग (स्पॉटिफाई/ सिरियस एक्सएम), प्रायोजन
माई फेवरेट मर्डर	करेन किल्गरिफ़ और जॉर्जिया हार्डस्टार्क	15 मिलियन डॉलर	लाइव शो, मर्चेंडाइज़, विज्ञापन, फैन क्लब
द डेव रैमसे शो	डेव रैमसे	10 मिलियन डॉलर	प्रायोजन, उत्पाद बिक्री, लाइव इवेंट
आर्मचेयर एक्सपर्ट	डैक्स शेपर्ड	9 मिलियन डॉलर	प्रायोजन, एक्सक्लूसिव लाइसेंसिंग (स्पॉटिफाई)
क्राइम जंकी	एशले फ्लावर्स और ब्रिट प्रवात	6–8 मिलियन डॉलर	विज्ञापन, प्रीमियम फैन क्लब, मर्चेंडाइज

पॉडकास्ट	मेजबान	अनुमानित वार्षिक आय	प्राथमिक मॉनिटाईजेशन विधि
द डेली	माइकल बारबारो और सबरीना टैवर्निस	5–10 मिलियन डॉलर	प्रायोजन, डायनेमिक विज्ञापन
दिस अमेरिकन लाइफ	इरा ग्लास	3–5 मिलियन डॉलर	प्रायोजन, सिंडिकेशन, दान
स्मार्टलेस	जेसन बेटमैन, शॉन हेस और विल अर्नेट	5–10 मिलियन डॉलर	प्रायोजन, विशेष लाइसेंसिंग
स्टफ यू शुड नो	जोश क्लार्क और चक ब्रायंट	2–3 मिलियन डॉलर	प्रायोजन, मर्चेंडाइज़

अगला कदम

अब जब आप जान चुके हैं कि अपने पॉडकास्ट को कैसे शुरू करें, विकसित करें और इसके द्वारा आय अर्जित करें, तो अगला कदम क्या है?

🎯 अगले अध्याय में हम निम्नलिखित विषयों पर चर्चा करेंगे: 1/ अपने शो में बड़े अतिथियों को कैसे प्राप्त करें, 2/ एक टीम कैसे बनाएं और संपादन का बाह्यस्रोतन यानि आउटसोर्सिंग कैसे करें और 3/ विपणन और सामग्री निर्माण को कैसे स्वचालित करें।

***

7 अपने पॉडकास्ट को अगले स्तर तक ले जाना

आपने अपना पॉडकास्ट लॉन्च कर लिया है, श्रोताओं की संख्या बढ़ा ली है, और संभव है कि इससे धनार्जन भी शुरू कर दिया है। परंतु, इसे अगले स्तर तक कैसे ले जाएं?

इस अध्याय में निम्नलिखित विषय शामिल हैं:

- बड़े अतिथियों और उद्योग विशेषज्ञों को आकर्षित करने का तरीका
- अपने पॉडकास्ट कार्य प्रवाह को आउटसोर्स/सुव्यवस्थित करने की विधियां
- अपने पॉडकास्ट का प्रभावी तरीके से विपणन और प्रचार करने के उपाय
- ऑडियो से परे विस्तार करने के तरीके (यूट्यूब, न्यूज़लेटर!)

चरण 1: बेहतर और प्रभावशाली अतिथियों को आमंत्रित करना

अतिथियों का महत्व क्यों है?

- **विश्वसनीयता**: एक प्रसिद्ध अतिथि आपके ब्रांड को बढ़ावा दे सकता है
- **नए श्रोता**: उनके *फॉलोवर्स* आपके पॉडकास्ट को सुनना शुरू कर सकते हैं
- **अधिक आकर्षक सामग्री**: बातचीत वाले एपिसोड एकल एपिसोड की तुलना में अधिक गतिशील होती हैं

काम की बात: लेखकों, स्टार्टअप संस्थापकों, या यूट्यूबर्स से शुरुआत करें - प्रसिद्ध हस्तियों की तुलना में उनकी हामी मिलने की संभावना अधिक होगी।

प्रभावशाली अतिथियों को आमंत्रित करने की विधि

1. **छोटे से शुरू करें:**

- **अपने नेटवर्क से प्रारंभ करें**: मित्र, सहयोगी, स्थानीय प्रभावशाली व्यक्ति
- **प्रगति करें**: मध्यम स्तर के उद्योग पेशेवरों से संपर्क करें, और अंततः
- **बड़े नामों को आमंत्रित करें**: जब आपके पास विश्वसनीयता आ जाए

2. **लिंक्डइन और ट्विटर का लाभ उठाएं:**

- संदेश भेजने से पहले उनकी पोस्ट पर टिप्पणी करें; संवाद स्थापित करें

- संक्षिप्त, प्रत्यक्ष प्रस्ताव भेजें (नीचे उदाहरण दिया गया है 👇)

📌 **कोल्ड ईमेल/डीएम का उदाहरण:**

विषय: पॉडकास्ट आमंत्रण: [आपके पॉडकास्ट का नाम]

आदरणीय [अतिथि का नाम],

मैं [आपका नाम] हूँ, [पॉडकास्ट नाम] का होस्ट, जहां हम [आपका विषय क्षेत्र] पर चर्चा करते हैं। हमारे श्रोताओं में [लक्षित दर्शक] शामिल हैं।

मुझे आपको अतिथि के रूप में आमंत्रित करके [विषय] पर चर्चा करने में प्रसन्नता होगी। आपकी अंतर्दृष्टि हमारे श्रोताओं के लिए बहुत मूल्यवान होगी।

हम आपकी सुविधानुसार समय निर्धारित कर सकते हैं। कृपया मुझे बताएं यदि आप रुचि रखते हैं!

सादर,

[आपका नाम]

चरण 2: अपने कार्यप्रवाह को सुव्यवस्थित व स्वचालित करें

यदि आप वास्तव में विस्तार करने के लिए गंभीर हैं, तो आप सब कुछ स्वयं नहीं कर सकते।

कार्य जिन्हें आप आउटसोर्स कर सकते हैं (बिना अधिक खर्च किए!)

- संपादन और पोस्ट-प्रोडक्शन: Fiverr/Upwork पर फ्रीलांसरों की सेवाओं का उपयोग करें
- पॉडकास्ट प्रतिलेख यानि ट्रांस्क्रिप्ट और शो नोट्स: Otter.ai, Descript जैसे AI उपकरणों का उपयोग करें
- सोशल मीडिया प्रचार: एक वर्चुअल असिस्टेंट नियुक्त करें, Canva (सोशल मीडिया पोस्ट के लिए)

- अतिथि संपर्क और शेड्यूलिंग: Calendly, Google Calendar और ईमेल टेम्पलेट का उपयोग करें

काम की बात: यदि आपका काम खास बड़ा नहीं है या आप अपना काम आउटसोर्स नहीं करना चाहते हैं, तो एक दोहराए जाने योग्य प्रणाली बनाएं, मसलनः विशिष्ट दिनों पर रिकॉर्ड करें (उदाहरण के लिए, हर शनिवार), बैच में अग्रिम एपिसोड तैयार करें (ताकि आप *अपलोड* करना न भूलें) और तेज़ संपादन और सामग्री पुन: उपयोग के लिए AI-संचालित उपकरणों का उपयोग करें।

चरण 3: अपने पॉडकास्ट का विपणन और प्रचार

आपका पॉडकास्ट कितना भी उत्कृष्ट क्यों न हो, इसका विकास तब तक नहीं होगा जब तक लोगों को इसके बारे में पता न हो।

अपने पॉडकास्ट को प्रचारित करने के सर्वोत्तम तरीके (निःशुल्क!)

1. **सोशल मीडिया का लाभ उठाएं**
   - Instagram Reels, YouTube Shorts और TikTok (यदि आप भारत के बाहर हैं) पर 30 सेकंड के *हाइलाइट्स* पोस्ट करें
   - अतिथियों को *टैग* करें ताकि वे आपके एपिसोड को पुनः साझा करें, इससे आप उनके सर्कल में भी चर्चा का विस्तार कर सकेंगे
   - अपने विषय क्षेत्र से संबंधित Facebook, Reddit समुदायों में सक्रिय रहें

2. **अपने पॉडकास्ट को ब्लॉग में बदलें**
   - अपने एपिसोड का *ट्रांस्क्रिप्ट* बनायें और लेख के रूप में पोस्ट करें
   - उन्हें ज़रूरी और संबद्ध keywords के साथ SEO अनुकूलित करें (Google उन्हें बेहतर रैंक करेगा!)
   - Medium, Substack, LinkedIn वगैरह ऐसे प्रकाशन के लिए उत्तम स्थान हैं। या चाहें तो अपने निजी ब्लॉग का प्रयोग करें।

3. **विभिन्न पॉडकास्ट डायरेक्टरीज़ में पंजीकृत हों**

अध्याय 4, चरण 4 में हमने इस तरह की निर्देशिकाओं की सूची दी है।

कल्पना करें कि आप एक पेशेवर पॉडकास्टर और मैनेजमेंट विषयों के विशेषज्ञ हैं। अपने पॉडकास्ट "मैनेजमेंट मंत्र" के नये एपिसोड, जिसमें महाभारत से सीखे जा सकने वाले मैनेजमेंट के गुर शामिल हैं, आपका काम निम्नलिखित है। पहला: एपिसोड के लिये 5 आकर्षक, उचित और क्लिकबेट शीर्षक सुझायें, दूसरा: इस एपिसोड के लिए 100 शब्दों में शो नोट्स लिखें, जिसमें होस्ट देबाशीष और पौराणिक कथाकार देवदत्त पटनायक बातचीत करते हैं। शो नोट्स पॉडकास्ट के सबसे दिलचस्प हिस्से के बारे में ध्यान खींचने वाली लाइन से शुरू होना चाहिए और एपिसोड को सुनने के लिए कॉल टू एक्शन के साथ खत्म होना चाहिए।

शीर्षक सुझाव:

1. "महाभारत के युद्धक्षेत्र से बोर्डरूम तक: कौरव-पांडव मैनेजमेंट सिद्धांत"
2. "कृष्ण का लीडरशिप मंत्र: महाभारत से आधुनिक मैनेजमेंट की ओर"
3. "अर्जुन की तरह फोकस, भीष्म की तरह प्रतिबद्धता: महाभारत के प्रबंधन सूत्र"
4. "युधिष्ठिर से शकुनि तक: महाभारत के नायकों से सीखें बिज़नेस की रणनीतियाँ"
5. "पौराणिक प्रबंधन: क्यों फेल हुआ दुर्योधन का स्टाइल और क्यों जीते पांडव"

शो नोट्स:

"क्या आप जानते हैं कि द्रौपदी के चीरहरण ने एक मैनेजमेंट लेसन दिया था? हमारे इस एपिसोड में प्रसिद्ध पौराणिक कथाकार देवदत्त पटनायक बताते हैं कि महाभारत के युद्ध में अर्जुन का फोकस आधुनिक बिज़नेस लीडर्स के लिए एक मॉडल है। होस्ट देबाशीष और देवदत्त जी गहराई से चर्चा करते हैं कि कैसे कृष्ण के कूटनीतिक निर्णय, भीष्म के मूल्य-आधारित नेतृत्व और युधिष्ठिर की नैतिक प्रतिबद्धता आज की कॉर्पोरेट दुनिया में प्रासंगिक हैं। दुर्योधन के अहंकार और शकुनि की कुटिल चालों से सबक लेते हुए, यह एपिसोड प्राचीन प्रबंधन ज्ञान को आधुनिक संदर्भ में प्रस्तुत करता है। आज ही सुनिए और जानिए कि कैसे महाभारत का ज्ञान आपके करियर और व्यापार को नई ऊंचाइयों तक ले जा सकता है!"

Retry

Claude can make mistakes. Please double-check responses.

चित्र 10: अच्छे शीर्षक और शो नोड्स बनाने के लिये चैटजीपीटी या क्लॉड जैसे टूल्स का प्रयोग करें

काम की बात: ध्यान रखें कि आपके एपिसोड का शीर्षक आकर्षक हो, क्लिकबेट हो (उदाहरण: "मेरा पॉडकास्ट अंक #10" की बजाय "पॉडकास्टिंग से पैसे कमाने के दस दमदार टिप्स" कहीं बेहतर है)। आप अच्छे शीर्षक और शो नोड्स बनाने के लिये ChatGPT जैसे टूल्स का भी प्रयोग कर सकते हैं। उदाहरण के लिये चित्र 10 देखें जिसमें हमने Claude AI का प्रयोग किया है।

चरण 4: ऑडियो से परे विस्तार

पॉडकास्टिंग केवल ऑडियो तक सीमित नहीं होनी चाहिए। सबसे बड़े पॉडकास्टर सामग्री को कई प्लेटफॉर्म पर पुन: उपयोग करते हैं।

1. अपने पॉडकास्ट को यूट्यूब चैनल में परिवर्तित करें

- अपने पॉडकास्ट के वीडियो संस्करण रिकॉर्ड करें (भले ही यह केवल एक साधारण वेबकैम सेटअप हो)
- पूर्ण एपिसोड + छोटे *क्लिप* अपलोड करें
- यूट्यूब SEO का उपयोग करें (शीर्षक, *थंबनेल, टाइमस्टैम्प*)

2. **न्यूज़लेटर शुरू करें**
   - अपने श्रोताओं से ईमेल एकत्र करें
   - साप्ताहिक अंतर्दृष्टि, शो नोट्स और अतिरिक्त सामग्री भेजें
   - सर्वोत्तम निःशुल्क उपकरण: Substack, Beehiiv, Mailchimp
3. **लाइव कार्यक्रम और वेबिनार आयोजित करें**
   - Instagram/YouTube पर लाइव प्रश्नोत्तर सत्र
   - अपने दर्शकों के लिए कार्यशालाएं और मास्टरक्लास
   - प्रीमियम सामग्री बेचें (पर्दे के पीछे की जानकारी, असंपादित साक्षात्कार, बोनस एपिसोड!)

चरण 5: अपने पॉडकास्ट के आसपास एक समुदाय का निर्माण

समुदाय महत्वपूर्ण क्यों है?

- वफादार प्रशंसक मतलब निरंतर विकास
- श्रोताओं से सीधी प्रतिक्रिया मिलने का लाभ
- मोनेटाइजेशन की अधिक क्षमता

पॉडकास्ट समुदाय का निर्माण कैसे करें?

1. एक निजी व्हाट्सएप/टेलीग्राम समूह बनाएं
   - श्रोताओं को शामिल होने और एपिसोड पर चर्चा करने दें
   - पर्दे के पीछे के विशेष अपडेट साझा करें
2. **एक डिस्कॉर्ड सर्वर शुरू करें**
   - डिस्कॉर्ड [57] इंटरैक्टिव चर्चाओं के लिए उत्तम विकल्प है
   - तकनीकी, गेमिंग और व्यापार पॉडकास्ट के लिए आदर्श
3. **इंस्टाग्राम पोल और स्टोरीज़ का उपयोग करें**

- श्रोताओं से पूछें कि वे अगले किस विषय पर चर्चा चाहते हैं
- इंटरैक्टिव सामग्री के माध्यम से संवाद बढ़ाएं

काम की बात: श्रोताओं को परिवार या समुदाय सदस्य जैसा महसूस कराएं - उन्हें शाउटआउट दें, टिप्पणियों का जवाब दें, और एपिसोड में उनके प्रश्नों को शामिल करें।

कार्य योजना: अपने पॉडकास्ट को अगले स्तर पर ले जाएं!

- बड़े अतिथि चाहते हैं?: लिंक्डइन/ट्विटर आउटरीच से शुरुआत करें
- समय की कमी से जूझ रहे हैं? संपादन/प्रशासनिक कार्य आउटसोर्स करें
- अधिक श्रोता चाहिए?: यूट्यूब क्लिप/सोशल मीडिया पर ध्यान केंद्रित करें
- गहरा संबंध चाहते हैं?: न्यूज़लेटर या ऑनलाइन समुदाय शुरू करें

अगला कदम

🎯 अगले अध्याय में हम निम्नलिखित विषयों पर चर्चा करेंगे: 1/ भारत और वैश्विक स्तर पर पॉडकास्टिंग को आकार देने वाले प्रवृत्तियां, 2/ AI और नई तकनीक खेल कैसे बदलेगी और 3/ अपने पॉडकास्ट को भविष्य के लिए तैयार कैसे करें।

***

8 पॉडकास्टिंग का भविष्य

चित्र 11: AI ने पॉडकास्ट बनाना और भी आसान कर दिया है

पॉडकास्टिंग महज एक तात्कालिक प्रवृत्ति नहीं है – यह विश्व स्तर पर सबसे शक्तिशाली मीडिया प्लेटफॉर्म में से एक के रूप में विकसित हो रही है। चाहे आप पॉडकास्टिंग केवल अपने जुनून के लिए कर रहे हों या लाभ के लिए, उद्योग किस दिशा में जा रहा है यह समझना आपको प्रतिस्पर्धा में आगे रखने में मदद करेगा।

इस अध्याय में शामिल है:

- पॉडकास्टिंग में आगामी प्रवृत्तियां (भारत और विश्व स्तर पर)
- कैसे AI और नई तकनीक पॉडकास्टिंग को बदलेगी
- अपने पॉडकास्ट को भविष्य के लिए कैसे तैयार रखें

1. पॉडकास्टिंग में भावी ट्रेंड्स

1. वीडियो पॉडकास्ट प्रभावी होंगे

- भारत और इतर देशों में भी यूट्यूब सबसे बड़े पॉडकास्टिंग प्लेटफॉर्म के रूप में उभर रहा है, स्पॉटिफाई और एप्पल से भी आगे

- शॉर्ट फॉर्म पॉडकास्ट क्लिप (जो आप यूट्यूब शॉर्ट्स या इंस्टाग्राम रील्स पर देखते हैं) बड़ी सामग्री की खोज को प्रेरित करेंगे

2. क्षेत्रीय भाषा पॉडकास्ट में विस्फोटक वृद्धि होगी

- भारत में 50 करोड़ इंटरनेट उपयोगकर्ता भारतीय भाषाओं जैसे हिंदी, तमिल, बंगाली, मराठी, आदि में बनी सामग्री को प्राथमिकता देते हैं
- गाना, जियोसावन, पॉकेट एफएम और कुकू एफएम जैसे प्लेटफॉर्म क्षेत्रीय पॉडकास्ट में निवेश कर रहे हैं
- फिलहाल कम प्रतिस्पर्धा का मतलब है क्षेत्रीय भाषाओं में अधिक अवसर, तो अपने आप को अंग्रेजी तक सीमित न रखें। यदि आप द्विभाषी हैं, तो दोनों दर्शक वर्ग तक पहुंचने के लिए हिंदी-अंग्रेजी मिश्रित पॉडकास्ट शुरू करें।

3. विशिष्ट पॉडकास्ट सामान्य पॉडकास्ट से आगे निकल जाएंगे

- "सभी विषयों के बारे में बात करने वाले" पॉडकास्ट अब काम नहीं करने वाले। फोकस करें अति-केंद्रित सामग्री पर (जैसे, "भारतीय संस्थापकों के लिए AI और स्टार्टअप")। इस तरह की सामग्री तेजी से विकसित होगी।
- छोटे, अत्यधिक जुड़े दर्शक विशाल लेकिन निष्क्रिय दर्शकों की तुलना में अधिक मूल्यवान साबित होंगे। उन्हें दरकिनार न करें।

4. AI-जनित और AI-सहायता प्राप्त पॉडकास्ट

- AI अब यथार्थवादी वॉयसओवर, प्रतिलेखन, और सारांश उत्पन्न कर सकता है
- कुछ पॉडकास्ट पहले से ही 100% AI-जनित हैं (मानव होस्ट के बिना!)
- आवाज क्लोनिंग और AI साक्षात्कार नए पॉडकास्टिंग प्रारूप बनाएंगे, हालांकि इसके नतीजतन दर्शक प्रामाणिक मानवीय वार्तालाप को प्राथमिकता देंगे।

5. सदस्यता-आधारित पॉडकास्ट और विशेष सामग्री

- एप्पल पॉडकास्ट, स्पॉटिफाई और पेट्रियन अब पॉडकास्टरों को प्रीमियम सामग्री के लिए शुल्क लेने की अनुमति देते हैं
- श्रोता विज्ञापन-मुक्त एपिसोड, पर्दे के पीछे की सामग्री, या जल्दी पहुंच के लिए भुगतान करने के लिये तैयार हैं। अतः भले ही आप अभी शुल्क नहीं लेना चाहते, श्रोताओं की एक ईमेल सूची बना कर रखें ताकि भविष्य में आपके पास अपने दर्शकों तक सीधी पहुंच हो।

2. कैसे AI और तकनीक पॉडकास्टिंग को बदलेगी

AI आपके वर्चुअल इंटर्न की तरह है, जो आपको कम समय में ज़्यादा काम करने में मदद करता है। ये ट्रांसक्रिप्शन और कंटेंट क्रिएशन जैसे थकाऊ काम पर लगने वाले समय को काफी हद तक कम कर देता है, जिससे आपको कंटेंट प्लानिंग, रिकॉर्डिंग और अपने श्रोताओं से जुड़ने जैसे ज़्यादा महत्वपूर्ण कामों पर ध्यान केंद्रित करने के लिए ज़्यादा समय मिल जाता है।

AI उपकरण जो हर पॉडकास्टर को जानना चाहिए:

- **शोर हटाने और संपादन के लिए:** जैसे कि एडोब पॉडकास्ट ऑडियो क्लीनअप के लिये और डेस्क्रिप्ट ऑडियो को वर्ड दस्तावेज़ की तरह संपादित करने के लिये
- **प्रतिलेखन (ट्रांसक्रिप्शन) और शो नोट्स के लिए:** जैसे कि Otter.ai स्वचालित प्रतिलेखन हेतु
- **AI वॉयसओवर और क्लोनिंग के लिए:** जैसे कि ElevenLabs अत्यंत यथार्थवादी AI आवाजों के लिये
- **AI पॉडकास्ट सहायकों के लिए:** जैसे कि ChatGPT / Claude AI स्क्रिप्ट विचारों और एपिसोड सारांश में मदद करते हैं

इसका आपके लिए क्या अर्थ है?

- संपादन आसान और तेज़ हो जाएगा
- AI मानव पॉडकास्टरों की जगह नहीं लेगा, लेकिन यह सामग्री निर्माण में सहायता करेगा

- भविष्य में अधिक व्यक्तिगत, इंटरैक्टिव पॉडकास्ट की अपेक्षा करें (AI-जनित प्रश्नोत्तर, चैटबॉट, आदि)

3. अपने पॉडकास्ट को भविष्य के लिए तैयार करना

कैसे सुनिश्चित करें कि आपका पॉडकास्ट प्रासंगिक बना रहे?

1. **निरंतरता बनाए रखें (भले ही ट्रेंड बदलें)**: पॉडकास्ट विफल होने का #1 कारण होता है कि पॉडकास्टर बहुत जल्दी हार मान लेते हैं। परिणामों का मूल्यांकन करने से पहले नियमित एपिसोड के कम से कम 6 महीने के लिए प्रतिबद्ध रहें। याद रहेः श्रोता वायरल निर्माताओं की तुलना में दीर्घकालिक निर्माताओं पर अधिक विश्वास करते हैं।
2. **प्रारूप और सामग्री के साथ प्रयोग करते रहें:** वीडियो पॉडकास्ट आज़माएं, नई एपिसोड लंबाई का परीक्षण करें (कई बार 10-मिनट के एपिसोड के बेहतर काम करते हैं, जबकि कुछ श्रोता, जैसा कि आपने अध्याय 5 में पढ़ा, अमित वर्मा के "द *सीन अनसीन*" [58] जैसे पॉडकास्ट में घंटों लंबी गहन बातचीत भी सुनने में रुचि रखते हैं)। अपने दर्शकों के साथ जुड़ें, पूछें कि वे क्या चाहते हैं और तदनुसार अनुकूलित करें।
3. **अगले बड़े तकनीकी बदलाव के लिए तैयार रहें:** AI और स्मार्ट असिस्टेंट बदलेंगे कि पॉडकास्ट कैसे खोजे और उपभोग किए जाते हैं। कल्पना करें कि एलेक्सा [59] से पूछा जा रहा हो कि, "फ्रीलांसरों के लिए सबसे अच्छा मार्केटिंग पॉडकास्ट क्या है?" और आपका पॉडकास्ट नतीजों में सबसे सामने आता है! SEO और वॉयस सर्च अनुकूलन पहले से कहीं अधिक महत्वपूर्ण होंगे।

2030 में एक पॉडकास्टर का एक दिन

सुबह के सात बजे हैं। अलार्म नहीं बजा, दरअसल आपका वॉइस असिस्टेंट खुद ही यह तय करता है कि आप कब पूरी ताजगी से भरे उठते हैं। आपके उठते ही वो कहता है, “दोस्त आज आपके क्षेत्र में ट्रेंड हो रहे विषयों पर दो नए पॉडकास्ड्ढ के आईडिया तैयार हैं। क्या आज 'AI और रचनात्मकता' वाले विषय पर कुछ रिकॉर्ड करना चाहेंगे?”

आप 'हाँ' कहते हैं, और असिस्टेंट तुरत फुरत उसकी स्क्रिप्ट तैयार कर देता है, आपके स्टाइल, बोलचाल, और श्रोताओं की पसंद के मुताबिक। AI यह भी सुझाव देता है कि इस विषय पर कौन से मेहमान उपयुक्त होंगे और उनके समय के अनुसार कॉल सेट कर देता है।

दोपहर आप अपने मेहमान के साथ माइक्रोफोन के सामने बैठते हैं और रिकार्डिंग शुरु करते हैं। आप दोनों की आवाज़ को रियल टाइम में न सिर्फ सुधारा जाता है, बल्कि फिलर शब्द और रुकावटें भी हटा दी जाती हैं। रिकॉर्डिंग खत्म होते ही शो नोट्स, टाइमस्टैम्प्स, कोट्स और इंस्टाग्राम रील्स का मसौदा भी तैयार मिलता है।

शाम तक एपिसोड छह भाषाओं में अनुवादित होकर, अलग-अलग श्रोताओं के लिए AI द्वारा पर्सनलाइज़ हो चुका होता है।

दिन के अंत में, आपका डैशबोर्ड दिखाता है: कौन से हिस्से सबसे ज़्यादा सुने गए, कहाँ श्रोताओं ने स्किप किया, और अगले हफ्ते क्या ट्रेंड करने वाला है।

यह सिर्फ कल्पना नहीं है। ये भविष्य हमारे काफी नज़दीक है। सवाल यह नहीं है कि AI आपकी जगह लेगा या नहीं। सवाल यह है: क्या आप उसके साथ तालमेल बिठा पाएंगे?

आपका अगला गंतव्य क्या होगा?

यदि आप यहां तक पहुंचे हैं, तो बधाई हो! अब आपके पास अपना पॉडकास्ट सफलतापूर्वक शुरू करने, विकसित करने और विस्तारित करने का ज्ञान है।

- यदि आप अभी शुरू कर रहे हैं: इसके बारे में ज्यादा मत सोचिए। रिकॉर्डिंग शुरू करें।

- यदि आपने पहले ही लॉन्च कर दिया है: निरंतरता और मार्केटिंग पर ध्यान दें।
- यदि आप विस्तार करना चाहते हैं: मोनेटाइज़ करें, यूट्यूब पर विस्तार करें और AI उपकरणों का अन्वेषण करें।

🎯 पॉडकास्टिंग अभी भी अपने शुरुआती दिनों में है, विशेष रूप से भारत में। यदि आप आज शुरू करते हैं और निरंतर बने रहते हैं, तो आप उन 99% लोगों से आगे होंगे जो पॉडकास्ट शुरू करने के बारे में सिर्फ सोचते हैं लेकिन कभी नहीं करते।

💡 पॉडकास्टिंग से जुड़ी नियमित खबरों के लिए मैं आपको आमंत्रित करता हूँ लेखक द्वारा संचालित ईमेल पत्रिका "पॉडकास्ट परिक्रमा" का सदस्य बनने के लिये! इसका पता हैः https://parikrama.substack.com/

💡 हिन्दी में पॉडकास्ट सुनने के लिये https://www.podbharati.com/ पर जायें या अपने नजदीकी पॉडकास्ट प्लेयर पर “podbharati” खोजें। हमारा यूट्यूब चैनल https://youtube.com/@podbharati पर है।

पॉडकास्ट इस पुस्तक पर अपनी प्रतिक्रिया या किसी भी त्रुटि की सूचना भेजने के लिये podbharati@gmail.com पर ईमेल भेजें। हम आपके

***

परिशिष्ट 1 - ऑडियो क्रांति का असली हीरोः RSS फ़ीड

पॉडकास्ट RSS फ़ीड 2000 के दशक की शुरुआत से ही पॉडकास्टिंग की दुनिया के गुमनाम नायक रहे हैं। RSS, जिसका मतलब है **रियली सिंपल सिंडिकेशन**, ने पॉडकास्ट के वितरण और विकास में महत्वपूर्ण भूमिका निभाई है।

ऑडियो सामग्री के लिए RSS फ़ीड का उपयोग करने की अवधारणा 2000 के आसपास उभरी जब RSS फ़ीड में ध्वनि फ़ाइलों को जोड़ने का विचार प्रस्तावित किया गया। 1999 में **नेटस्केप** के डैन लिब्बी, रामनाथन गुहा, और एकार्ट वाल्थर ने RSS का 0.90 संस्करण बनाया था। इसको आगे ले जाने का मुख्य श्रेय यूज़रलैंड सॉफ्टवेयर के **डेव वाईनर** [60] को जाना चाहिये जिन्होंने ब्लॉग वगैरह के माध्यम से इसे प्रचलित किया। उन्होंने 2000 में RSS 0.92 संस्करण बनाया जिसमें एक नया टैग था “enclosure”, मीडिया फाईल्स हेतु।

इससे पॉडकास्टिंग का मार्ग प्रशस्त हुआ, पर इसने जोर पकड़ा 2003 में जब NPR टॉक शो के मेजबान **क्रिस्टोफर लाईडन** की रिकार्डिंग्स को RSS फ़ीड द्वारा प्रस्तुत किया। इसके पहले तक लाईडन केवल MP3 फाईलों की कड़ी दे दिया करते थे।

अगले वर्ष, एक पूर्व MTV VJ **एडम करी** ने RSStoiPod (कालांतर में जो iPodder और फिर Juice बना) नामक एक स्क्रिप्ट जारी की, जो वेबसाइटों से MP3 फ़ाइलों को iTunes में ले जाती थी। इस विकास ने पॉडकास्ट वितरण में एक नई लहर को जन्म दिया।

जैसे-जैसे पॉडकास्टिंग की लोकप्रियता बढ़ी, RSS फ़ीड के पीछे की तकनीक विकसित हुई। सितंबर 2004 में, **स्टीफन होरलैंडर** ने मोज़िला फ़ायरफ़ॉक्स ब्राउज़र में उपयोग के लिए (अब सर्वव्यापी) RSS का सफ़ेद रेडियो तरंगों वाला नारंगी वर्ग आइकन बनाया। 2005 में, Apple ने पॉडकास्ट को iTunes में एकीकृत किया, जिससे श्रोताओं के लिए एपिसोड सब्सक्राईब और डाउनलोड करना आसान हो गया। इस कदम ने पॉडकास्ट की पहुँच बढ़ाकर श्रोताओं की संख्या में उल्लेखनीय वृद्धि की।

देखा जाये तो पॉडकास्ट RSS फ़ीड पॉडकास्ट वितरण की रीढ़ है। यह पॉडकास्टर्स को अपनी सामग्री प्रकाशित करने के बाद इसे स्वचालित रूप से विभिन्न प्लेटफ़ॉर्म और ऐप पर वितरित करने देता है। RSS फ़ीड की यह खुली प्रकृति पॉडकास्टिंग को एक विकेंद्रीकृत माध्यम के रूप में बनाए रखने में महत्वपूर्ण रही है।

कैसे काम करते हैं पॉडकास्टर्स के लिए RSS फ़ीड

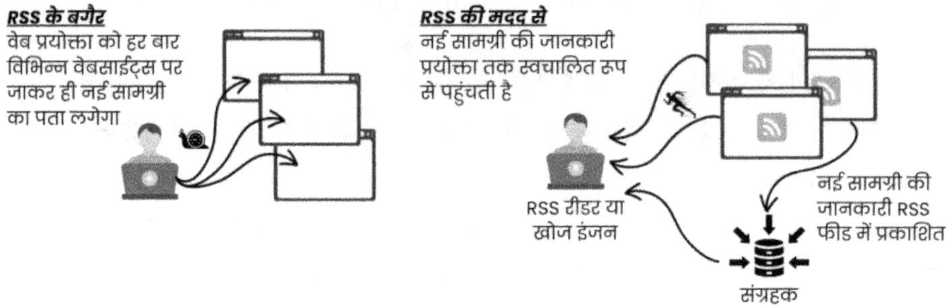

चित्र 12: RSS फ़ीड पॉडकास्ट वितरण की रीढ़ है

पॉडकास्टर्स के लिए, RSS फ़ीड एक डिजिटल फ़ाइल के रूप में कार्य करते हैं जो उनके पॉडकास्ट के बारे में मुख्य विवरण संग्रहीत करते हैं, जैसे शीर्षक, एपिसोड सारांश और ऑडियो लिंक। जब आप कोई नया एपिसोड अपलोड करते हैं, तो RSS फ़ीड स्वचालित रूप से अपडेट हो जाता है, जो Apple पॉडकास्ट और Spotify जैसी पॉडकास्ट निर्देशिकाओं को सूचित करता है। यह स्वचालन, पॉडकास्ट वितरण को सरल बनाता है, जिससे पॉडकास्टर्स कई प्लेटफ़ॉर्म पर मैन्युअल अपडेट के बजाय सामग्री निर्माण पर ध्यान केंद्रित कर सकते हैं।

पॉडकास्ट RSS फ़ीड के लिए खुले मानकों का विकास कई पहलों और संगठनों द्वारा किया जाता है, जैसे कि 2023 में स्थापित **पॉडकास्ट स्टैंडर्ड्स परियोजना** (PSP) [61], एक उद्योग गठबंधन है जो पॉडकास्टिंग के लिए आधुनिक, खुले मानकों को विकसित करने के लिए काम कर रहा है। और पॉडकास्ट इंडेक्स द्वारा संचालित पॉडकास्टिंग 2.0, नवाचारों को पेश करते हुए खुले उद्योग मानकों को सुदृढ़ करने के उद्देश्य से एक प्रयास है।

पॉडकास्ट RSS फ़ीड में कुछ नवीनतम विकासों में नए टैग और सुविधाएँ शामिल हैं:

- `<podcast:transcript>` - एपिसोड की *ट्रांसक्रिप्ट* की कड़ी
- `<podcast:funding>` - पॉडकास्ट के लिए दान या फंडिंग कड़ी
- `<podcast:chapters>` - एपिसोड की अध्याय डेटा वाली बाहरी JSON फ़ाइल की कड़ी
- `<podcast:person>` - एपिसोड में पॉडकास्ट अतिथि
- `<podcast:season>` - पॉडकास्ट *सीज़न* का नाम या संख्या
- `<podcast:episode>` - एपिसोड संख्या

यहाँ मेरे पॉडकास्ट "सोपान" के लिए RSS फ़ीड का एक सरलीकृत उदाहरण दिया गया है। ध्यान दें कि `<enclosure>` टैग में ऑडियो फाईल कहां स्थित है उसका पता दिया गया है, जहाँ से इसे डाउनलोड व स्ट्रीम किया जा सकेगा। `<link>` टैग में पॉडकास्ट के वेबसाइट की कड़ी होती है।

```
<rss version="2.0">
  <channel>
    <title><![CDATA[Sopaan - Career Podcast - Hindi]]></title>
    <description><![CDATA[Sopaan, a podcast show from PodBharati,
    focuses on motivation, career guidance, entrepreneurship and
    the workplace.]]></description>
    <link>https://www.podbharati.com/shows/sopaan/</link>
    <item>
      <title><![CDATA[S2E1: Networking is the lifeline of your
    career]]></title>
      <description><![CDATA[Our guest in this issue is a great
    advocate of cooperation, coordination and
    networking.]]</description>
      <enclosure
    url="https://d3ctxlq1ktw2nl.cloudfront.net/staging/2024-11-
    18/391772598-44100-2-b09dc92703ae6.mp3" type="audio/mpeg" />
      <pubDate>Sat, 29 Mar 2025 12:00:00 GMT</pubDate>
    </item>
  </channel>
</rss>
```

यह उदाहरण दिखाता है कि पॉडकास्ट और उसके एपिसोड के बारे में बुनियादी जानकारी RSS फ़ीड में कैसे संरचित होती है। आपके पॉडकास्ट की फीड सही है या नहीं ये आप https://www.castfeedvalidator.com/ पर जाँच सकते हैं।

पॉडकास्ट RSS फ़ीड पॉडकास्टिंग तंत्र में एक महत्वपूर्ण तकनीक है, जो उद्योग के साथ न केवल विकसित हो रही है बल्कि पॉडकास्टिंग को लोकप्रिय बनाने वाली इसके खुली और सुलभ मूल प्रकृति को बरकरार रख रही है।

***

परिशिष्ट 2 - साउंड रिकार्डिंग व संपादन के लिये ऑडैसिटी का उपयोग कैसे करें

ऑडैसिटी एक मुफ्त, ओपन-सोर्स ऑडियो एडिटिंग सॉफ्टवेयर है जो पॉडकास्टर्स के लिए अत्यंत उपयोगी है। इसे https://www.audacityteam.org/ से डाउनलोड कर सकते हैं।

1. ऑडैसिटी का मूल इंटरफेस

ऑडैसिटी इंटरफेस के मुख्य भाग (चित्र 13) यहाँ दर्शाये गये हैं:

- मेनू बार: फाइल, एडिट, व्यू, ट्रांसपोर्ट, इफेक्ट्स आदि
- टूलबार: रिकॉर्ड, प्ले, पॉज़, स्टॉप बटन
- ट्रैक एरिया: जहां आपके ऑडियो ट्रैक्स दिखाई देते हैं
- टाइमलाइन: समय के हिसाब से ऑडियो का निर्देशांक

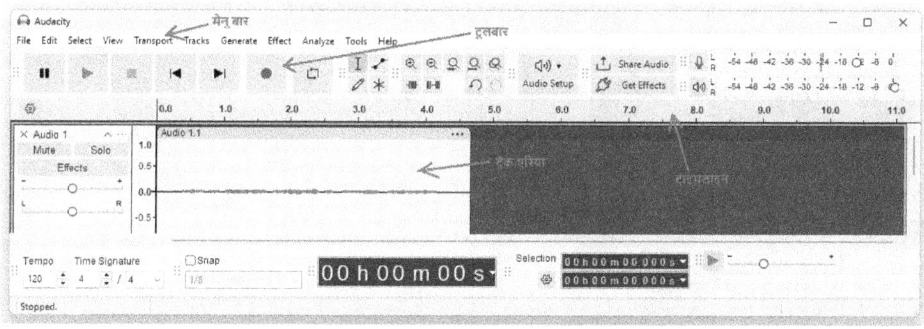

चित्र 13: ऑडैसिटी इंटरफेस के मुख्य भाग

2. पॉडकास्ट में संगीत ट्रैक (इंट्रो/आउट्रो/बैकग्राउंड) कैसे जोड़ें

इंट्रो/आउट्रो म्यूज़िक जोड़ना:

1. **म्यूज़िक फाइल इम्पोर्ट करें:** इसके लिये `फाइल > इम्पोर्ट > ऑडियो` पर क्लिक करें और फिर अपनी म्यूज़िक फाइल को सिलेक्ट करें

2. **म्यूज़िक को सही जगह पर रखें:**

- इंट्रो या लोगो संगीत के लिये: म्यूज़िक ट्रैक को टाइमलाइन के शुरुआत में रखें
- आउट्रो के लिए: म्यूज़िक ट्रैक को मुख्य ऑडियो के बाद रखें
- बैकग्राउंड के लिए: म्यूज़िक ट्रैक को मुख्य ऑडियो के नीचे एक अलग ट्रैक में रखें

3. **म्यूज़िक वॉल्यूम एडजस्ट करें:**

- म्यूज़िक ट्रैक सिलेक्ट करें
- `इफेक्ट > एम्पलीफाई` पर क्लिक करें
- वॉल्यूम लेवल को कम करें (बैकग्राउंड म्यूज़िक के लिए -12dB से -20dB तक)

4. **फेड इन/फेड आउट जोड़ें:**

- म्यूज़िक ट्रैक के शुरुआती हिस्से को सिलेक्ट करें
- `इफेक्ट > फेड इन` पर क्लिक करें
- म्यूज़िक ट्रैक के अंतिम हिस्से को सिलेक्ट करें
- `इफेक्ट > फेड आउट` पर क्लिक करें

3. अनावश्यक शोर को कैसे हटायें

1. **नॉइज प्रोफाइल बनाएं:**

- अपने रिकॉर्डिंग में एक ऐसा हिस्सा चुनें जहां केवल बैकग्राउंड नॉइज यानि शोर है (कोई वॉइस नहीं)
- `इफेक्ट > नॉइज रिडक्शन` पर क्लिक करें
- "नॉइज प्रोफाइल लें" बटन पर क्लिक करें

2. **नॉइज रिमूव करें:**

- पूरी रिकॉर्डिंग सिलेक्ट करें (Ctrl+A दबाएं)

- `इफेक्ट > नॉइज रिडक्शन` पर फिर से क्लिक करें
- "नॉइज रिडक्शन" टैब पर क्लिक करें
- निम्न सेटिंग्स से शुरू करें:
    - नॉइज रिडक्शन: 12 dB
    - सेंसिटिविटी: 6.00
    - फ्रीक्वेंसी स्मूथिंग: 3
- "प्रीव्यू" बटन पर क्लिक करके सुनें
- जरूरत पड़ने पर सेटिंग्स एडजस्ट करें
- "ओके" पर क्लिक करें

4. साइलेंस यानि चुप्पी कैसे जोड़ें

ऑडेसिटी में साइलेंस का इस्तेमाल कई उद्देश्यों के लिए किया जाता है, मुख्य रूप से अवांछित ध्वनियों को हटाने, ऑडियो संपादन के लिए विशिष्ट समय बनाने और ऑडियो स्तरों को प्रबंधित करने के लिए। इसका उपयोग ऑडियो के कुछ हिस्सों को खाली करने, एक निश्चित सीमा से नीचे के शोर को हटाने या विभिन्न ध्वनि तत्वों के बीच विराम डालने के लिए किया जा सकता है।

1. **कर्सर को जहां साइलेंस चाहिए वहां रखें**

2. **साइलेंस जोड़ें:**

- `जनरेट > साइलेंस` पर क्लिक करें
- साइलेंस की अवधि (सेकंड में) डालें
- "ओके" पर क्लिक करें

3. **वैकल्पिक तरीका:**

- `एडिट > स्पेशल > साइलेंस ऑडियो` पर क्लिक करें (चुने हिस्से को साइलेंस में बदलने के लिए)

5. वॉल्यूम नॉर्मलाइज़ कैसे करें

कई बार रिकार्डिंग के विभिन्न हिस्सों में ध्वनि का स्तर एक समान नहीं होता। नॉर्मलाइज़ द्वारा आप इसे संपूर्ण फाईल में एक समान कर सकते हैं।

1. **पूरी फाइल या ट्रैक सिलेक्ट करें:**

- पूरी फाइल के लिए: `Ctrl+A` दबाएं
- विशिष्ट ट्रैक के लिए: ट्रैक पर क्लिक करें

2. **नॉर्मलाइज़ेशन लागू करें:**

- `इफेक्ट > नॉर्मलाइज़` पर क्लिक करें
- निम्न विकल्प चेक करें:
    - "पीक एम्पलीट्यूड को नॉर्मलाइज़ करें" (-1.0 dB अनुशंसित)
    - "स्टीरियो चैनल्स को अलग-अलग नॉर्मलाइज़ करें" (स्टीरियो रिकॉर्डिंग के लिए)
- "ओके" पर क्लिक करें

6. कॉम्प्रेशन कैसे लागू करें

ऑडियो कम्प्रेशन ऑडियो फ़ाइल की डायनेमिक रेंज को कम कर देता है, जिससे शांत हिस्से अधिक तेज हो जाते हैं और तेज हिस्से शांत हो जाते हैं, इस प्रकार समग्र वॉल्यूम स्तर एक समान हो जाता है। यह ऑडियो ध्वनि को अधिक सुसंगत बनाने के लिए उपयोगी होता है और यह सुनिश्चित करता है कि ऑडियो के वॉल्यूम में अचानक उछाल न आए, जो सुनने में कर्कश लग सकता है।
कॉम्प्रेसर लागू करने के लिए:

- अपनी वॉइस ट्रैक सिलेक्ट करें
- `इफेक्ट > कॉम्प्रेसर` पर क्लिक करें
- पॉडकास्ट वॉइस के लिए अनुशंसित सेटिंग्स:
    - थ्रेशोल्ड: -18 dB से -12 dB
    - नी: 4:1 से 6:1

    - अटैक टाइम: 2-4 ms
    - रिलीज़ टाइम: 100-200 ms
- "ओके" पर क्लिक करें

7. एक्वलाइज़ेशन (EQ) सेटिंग्स का प्रयोग कैसे करें

इक्वलाइजेशन (EQ) आपको विशिष्ट आवृत्ति रेंज के वॉल्यूम को समायोजित करके अपने ऑडियो के टोनल संतुलन में हेरफेर करने की अनुमति देता है। आप ऑडियो स्पेक्ट्रम के कुछ हिस्सों को बढ़ा या घटा सकते हैं, जिससे सुने जाना वाली ध्वनि बदल जाती है। आवाज़ को बेहतर बनाने के लिए:

- वॉइस ट्रैक सिलेक्ट करें
- \`इफेक्ट > इक्वलाइज़ेशन\` पर क्लिक करें
- पॉडकास्ट वॉइस के लिए अनुशंसित सेटिंग्स:
    - लो-कट फिल्टर: 80 Hz से नीचे
    - वॉइस क्लैरिटी बढ़ाने के लिए: 3-4 kHz पर थोड़ा बूस्ट
    - सिबिलेंस कम करने के लिए: 6-8 kHz पर थोड़ा कट
- "ओके" पर क्लिक करें

8. अपनी साउंड फाईल को एक्सपोर्ट कैसे करें

फाइनल प्रोजेक्ट एक्सपोर्ट करें:

- \`फाइल > एक्सपोर्ट ऑडियो > फॉर्मेट में MP3 Files चुनें\` (पॉडकास्ट के लिए आम फॉर्मेट, आप Wav फॉर्मेट का भी प्रयोग कर सकते हैं)
- फाइल नाम और लोकेशन चुनें
- MP3 क्वालिटी सेटिंग्स (अनुशंसित: 128-192 kbps स्टीरियो)
- मेटाडेटा (जैसे एपिसोड टाइटल, आर्टिस्ट नाम) जोड़ें
- "सेव" पर क्लिक करें

उपयोगी शॉर्टकट्स

- \`Ctrl+Z\`: अंतिम एक्शन अनडू करें

- `Ctrl+S`: प्रोजेक्ट सेव करें
- `Space`: प्ले/पॉज़
- `Shift+Space`: स्टॉप
- `Ctrl+1`: ज़ूम इन
- `Ctrl+3`: ज़ूम आउट
- `Ctrl+E`: सेलेक्टेड ऑडियो को साइलेंस से रिप्लेस करें

अतिरिक्त टिप्स

1. **हमेशा बैकअप रखें:**

- अपने ओरिजनल रिकॉर्डिंग का बैकअप रखें
- नियमित रूप से प्रोजेक्ट को सेव करते रहें

2. **लेबल्स का उपयोग करें:**

- `Ctrl+B` दबाकर महत्वपूर्ण पॉइंट्स पर लेबल जोड़ें
- एडिटिंग के दौरान लेबल्स आपको सेगमेंट्स ट्रैक करने में मदद करेंगे

3. **ऑडियो प्रीव्यू सुनें:**

- किसी भी इफेक्ट को लागू करने से पहले "प्रीव्यू" बटन का उपयोग करें
- परिवर्तन करने से पहले और बाद में ऑडियो की तुलना करें

***

परिशिष्ट 3 - छमाही पॉडकास्ट समृद्धि योजना

महीना	फ़ोकस क्षेत्र	मुख्य कार्य	लक्ष्य/परिणाम
1	लॉन्च और सेटअप	• अपने Niche और शो प्रारूप को अंतिम रूप दें • पॉडकास्ट कवर डिज़ाइन करें • 3 पायलट एपिसोड रिकॉर्ड करें और संपादित करें • Spotify, Apple पॉडकास्ट, आदि पर खाते बनाएँ।	1. पॉडकास्ट सूचीबद्ध 2. पहले 3 एपिसोड लाइव
2	आरंभिक प्रचार	• WhatsApp, Instagram, LinkedIn पर साझा करें • दोस्तों/परिवार से सुनने और रेटिंग देने के लिए कहें • रील/कहानियों के लिए टीज़र क्लिप बनाएँ	3. पहले 100 श्रोता पाएँ 4. 5+ वास्तविक समीक्षाएँ
3	सामग्री स्थिरता	• नियमित प्रकाशन शेड्यूल पर टिके रहें • अग्रिम बैच रिकॉर्डिंग शुरू करें • श्रोताओं के फ़ीडबैक के आधार पर विषयों के साथ प्रयोग करें	5. 6+ एपिसोड प्रकाशित 6. श्रोता जुड़ना शुरू करते हैं
4	समुदाय निर्माण	• एक Instagram पेज या WhatsApp समूह शुरू करें • श्रोता प्रश्नोत्तर आमंत्रित करें • एपिसोड में प्रशंसकों को shout-out	7. 50–100 कोर फ़ॉलोअर बनाएँ 8. बेहतर आडियंस रिटेंशन
5	सुधार और अन्वेषण	• मुफ़्त टूल के साथ ऑडियो को अपग्रेड करें • इंटरव्यू या कोलैब्स आज़माएँ • इंट्रो/आउट्रो म्यूज़िक जोड़ें	9. बेहतर साउंड क्वालिटी 10. 1–2 गेस्ट एपिसोड
6	मॉनिटाईजेशन और scale	• प्रायोजन के लिए आवेदन करें (जैसे, Audacy के ज़रिए) • श्रोता योगदान सक्षम करें (Patreon, Ko-fi, आदि) • YouTube या ब्लॉग पर कंटेंट को फिर से इस्तेमाल करें	11. पहली कमाई 12. अंतर्दृष्टि के आधार पर विकास की योजना बनाएँ

सुझाव: इस योजना को केवल छः माह का ही न समझें। अपनी विषय सामग्री की समीक्षा करके, गुणवत्ता में सुधार करके और अपने दर्शकों के साथ गहराई से जुड़कर हर 6 महीने में इस चक्र को दोहराएँ।

आपकी छमाही योजना

महीना	फ़ोकस क्षेत्र	मुख्य कार्य	लक्ष्य/परिणाम
1			
2			
3			
4			
5			
6			

परिशिष्ट 4 - भारतीय पॉडकास्टर्स के लिए कुछ कानूनी बातें

चिंता न करें, इसके लिए वकील की आवश्यकता नहीं होगी। बस कुछ सामान्य ज्ञान और कॉपीराइट ज्ञान की आवश्यकता है ताकि आप किसी पचड़े में न पड़ें। बुनियादी कानूनी परिदृश्य को जानना समझदारी है। यह आपका क्रैश कोर्स है:

1. केवल रॉयल्टी-मुक्त या लाइसेंस प्राप्त सामग्री प्रयोग करें

- **अनुचित:** कोई आकर्षक बॉलीवुड धुन या नेटफ्लिक्स ऑडियो स्निपेट का उपयोग, चाहे वह कितना भी अच्छा क्यों न लगे।
- **उचित:** विश्वसनीय स्रोतों से मुफ़्त संगीत का उपयोग करें जैसे: https://pixabay.com/music/, https://freemusicarchive.org/, वगैरह

सुझाव: हमेशा लाइसेंस अनुबंध पढ़ें। यहां तक कि "मुफ़्त" सामग्री के लिए भी श्रेय देने की आवश्यकता हो सकती है।

2. अतिथि साक्षात्कार

यदि आप किसी का साक्षात्कार ले रहे हैं, तो रिकॉर्ड करने और प्रकाशित करने के लिए उनकी मौखिक या लिखित सहमति लेना एक अच्छा अभ्यास है। आप एक सरल ईमेल का उपयोग कर सकते हैं जैसे: *"नमस्ते, मैं सिर्फ़ आपके पॉडकास्ट पर रिकॉर्ड किए जाने और दिखाए जाने की सहमति की पुष्टि कर रहा हूँ जो Spotify और अन्य प्लेटफ़ॉर्म पर सार्वजनिक रूप से उपलब्ध होगा।"*

3. भारत में कॉपीराइट कानून

भारत **कॉपीराइट अधिनियम,** 1957 का पालन करता है। जो कुछ भी आपने खुद नहीं बनाया है (जैसे, ऑडियो क्लिप, जिंगल, किताबों से सामग्री) उसका आपके पॉडकास्ट में उपयोग उचित नहीं है, जब तक कि यह सार्वजनिक डोमेन में न हो या फिर आपके पास अनुमति या लाइसेंस हो।

4. अस्वीकरण यानि डिस्क्लेमर काम की चीज है

यदि आप स्वास्थ्य, वित्त या कैरियर संबंधी सलाह के बारे में बात कर रहे हैं, तो एक त्वरित अस्वीकरण शामिल करें जैसे: "यह पॉडकास्ट केवल सूचनात्मक उद्देश्यों के लिए है और इसे पेशेवर सलाह नहीं माना जाना चाहिए।" मुकदमे में फंसने से बेहतर है कि सुरक्षित रहें।

इस पुस्तक की शुरुवात में लेखक ने कहा था कि पॉडकास्टिंग को अक्सर पारंपरिक सेंसरशिप से मुक्ति के लिए सराहा जाता है, पर भारत में हाल के घटनाक्रमों से यह साबित हुआ है कि यह स्वतंत्रता मात्र नाम के लिये है। रणवीर अलाहबादिया (बीयर बाईसेप्स) मामले को लेकर सुप्रीम कोर्ट का रवैया एक चेतावनीपूर्ण उदाहरण है: हालाँकि अलाहबादिया को अपना पॉडकास्ट फिर से शुरू करने की अनुमति दी गई थी, लेकिन यह सख्त शर्त पर था कि उनकी सामग्री शालीनता और नैतिकता के मानकों का पालन करती है, जिससे यह सभी उम्र के दर्शकों के लिए उपयुक्त हो।

अदालत ने यह स्पष्ट किया कि मौलिक अधिकार, जिसमें फ्री स्पीच भी शामिल है, संबंधित कर्तव्यों और उचित प्रतिबंधों के साथ आते हैं, खासकर अश्लीलता और ऐसी सामग्री के संबंध में जो सामाजिक मूल्यों को नुकसान पहुँचा सकती है।

एक पॉडकास्टर के रूप में आपको पता होना चाहिए कि नए नियामक ढाँचे पर विचार किया जा रहा है, जिसका उद्देश्य अभिव्यक्ति की स्वतंत्रता को नैतिक और कानूनी जिम्मेदारियों के साथ "संतुलित करना" है। जैसे-जैसे डिजिटल परिदृश्य विकसित होता है, भारतीय पॉडकास्टर्स को इन विनियमों के बारे में जानकारी रखनी चाहिए और यह सुनिश्चित करना चाहिए कि उनकी सामग्री कानूनी सीमाओं और सामुदायिक मानकों के दायरों में रहकर काम करे, ताकि कानूनी जटिलताओं और उनके काम और आजीविका में संभावित व्यवधानों से बचा जा सके।

5. मॉनिटाईजेशन अनुपालन

यदि आप अपने पॉडकास्ट से पैसे कमाते हैं (विज्ञापनों, अफिलियेट लिंक आदि के माध्यम से) तो अपने कर रिटर्न में आय घोषित करें और एपिसोड नोह्न में अफिलियेट लिंक के लिए, स्पष्ट उल्लेख करें कि उन पर क्लिक करने से आप कमीशन कमा सकते हैं।

6. मानहानि और अभद्र भाषा

भारत में मानहानि कानून सख्त हैं। लोगों या संगठनों के बारे में असत्यापित दावे न करें। साथ ही: कोई अभद्र भाषा नहीं, कोई सांप्रदायिक सामग्री नहीं, कोई गलत सूचना नहीं।

***

परिशिष्ट 5 - पॉडकास्टर्स के लिए 50 सबसे लोकप्रिय मुफ़्त या ओपन सोर्स टूल

अनुप्रयोग	विवरण और कड़ी
ऑडेसिटी	विंडोज, मैक और लिनक्स के लिए मुफ़्त, ओपन-सोर्स ऑडियो एडिटिंग और रिकॉर्डिंग सॉफ़्टवेयर। कड़ी: https://www.audacityteam.org/
गराजबैंड	मैक/iOS उपयोगकर्ताओं के लिए मुफ़्त DAW; मल्टी-ट्रैक रिकॉर्डिंग, संपादन और ध्वनि प्रभाव। कड़ी: https://www.apple.com/mac/garageband/
Spotify for Creaters	पूर्व में एंकर; मुफ़्त होस्टिंग, रिकॉर्डिंग, संपादन और वितरण। कड़ी: https://creators.spotify.com/
बज़स्प्राउट	शुरुआती लोगों के लिए मुफ़्त होस्टिंग (सीमित), एनालिटिक्स और आसान प्रकाशन। कड़ी: https://www.buzzsprout.com/
पॉडबीन	रिकॉर्डिंग/प्रकाशन के लिए मुफ़्त होस्टिंग योजना, पॉडकास्ट वेबसाइट और मोबाइल ऐप। कड़ी: https://www.podbean.com/
Acast	मुफ़्त होस्टिंग, एनालिटिक्स और एकीकृत रिकॉर्डिंग/संपादन उपकरण। कड़ी: https://www.acast.com/
पोडोमैटिक	मुफ़्त होस्टिंग, बुनियादी एनालिटिक्स और सीधा सोशल शेयरिंग। कड़ी: https://www.podomatic.com/
Zencastr	निःशुल्क रिमोट रिकॉर्डिंग (ऑडियो/वीडियो), प्रत्येक अतिथि के लिए अलग ट्रैक। कड़ी: https://www.zencastr.com/
Riverside.fm	उच्च-गुणवत्ता वाली रिमोट ऑडियो/वीडियो रिकॉर्डिंग के लिए निःशुल्क योजना। कड़ी: https://www.riverside.fm/
Cleanfeed	उच्च-गुणवत्ता वाली ऑडियो के साथ निःशुल्क ब्राउज़र-आधारित रिमोट रिकॉर्डिंग। कड़ी: https://www.cleanfeed.net/
Descript	AI-संचालित संपादन, प्रतिलेखन और पाठ-आधारित संपादन के लिए निःशुल्क योजना। कड़ी: https://www.descript.com/
Hindenburg Lite	बुनियादी संपादन और रिकॉर्डिंग के लिए Hindenburg का निःशुल्क संस्करण। कड़ी: https://hindenburg.com/

अनुप्रयोग	विवरण और कड़ी
Alitu	निःशुल्क परीक्षण; ब्राउज़र-आधारित ऑल-इन-वन रिकॉर्डिंग, संपादन और प्रकाशन। कड़ी: https://alitu.com/
Podcastle	निःशुल्क AI-संचालित रिकॉर्डिंग, संपादन और दूरस्थ साक्षात्कार प्लेटफ़ॉर्म। कड़ी: https://podcastle.ai/
Notetracks Pro	सहयोगी ऑडियो समीक्षा और प्रतिक्रिया के लिए निःशुल्क योजना। कड़ी: https://www.notetracks.com/
Opus Clip	AI-संचालित वीडियो-टू-ऑडियो क्लिपिंग और रीपरपोज़िंग टूल। कड़ी: https://www.opus.pro/
FireCut AI	टूल पॉडकास्ट वीडियो को संपादित करने, क्लिप करने और रीपरपोज़ करने के लिए। कड़ी: https://firecut.ai/
GenFM by ElevenLabs	AI वॉयस क्लोनिंग और पॉडकास्ट कंटेंट जेनरेशन। कड़ी: https://elevenlabs.io/
CLIPr	AI-संचालित वीडियो-टू-ऑडियो रूपांतरण और खोज योग्य ऑडियो। कड़ी: https://clipr.ai/
FFmpeg	ऑडियो/वीडियो रूपांतरण और स्ट्रीमिंग के लिए ओपन-सोर्स कमांड-लाइन टूल। कड़ी: https://ffmpeg.org/
Ocenaudio	मुफ़्त, VST समर्थन के साथ क्रॉस-प्लेटफ़ॉर्म ऑडियो संपादक। कड़ी: https://www.ocenaudio.com/
Ardour	उन्नत मल्टी-ट्रैक रिकॉर्डिंग और संपादन के लिए ओपन-सोर्स DAW कड़ी: https://ardour.org/
LMMS	संगीत और ऑडियो उत्पादन के लिए मुफ़्त, ओपन-सोर्स DAW कड़ी: https://lmms.io/
Nextcloud	पॉडकास्ट संग्रहण और साझा करने के लिए ओपन-सोर्स फ़ाइल होस्टिंग। कड़ी: https://nextcloud.com/
Syncthing	पॉडकास्ट फ़ाइलों को डिवाइस में सिंक करने के लिए ओपन-सोर्स टूल। कड़ी: https://syncthing.net/
Bacula	पॉडकास्ट फ़ाइलों के लिए ओपन-सोर्स बैकअप समाधान। कड़ी: https://www.bacula.org/
StudioRack	उन्नत ऑडियो प्रोसेसिंग के लिए मुफ़्त मॉड्यूलर ऑडियो प्लगइन होस्ट। कड़ी: https://www.waves.com/plugins/studiorack

अनुप्रयोग	विवरण और कड़ी
VLC	मीडिया प्लेयर प्लेबैक और रूपांतरण के लिए मुफ़्त, ओपन-सोर्स मीडिया प्लेयर। कड़ी: https://www.videolan.org/vlc/
Reaper	निःशुल्क परीक्षण; रिकॉर्डिंग और संपादन के लिए उन्नत DAW। कड़ी: https://www.reaper.fm/
AudioDirector	निःशुल्क संस्करण प्रो-लेवल रिकॉर्डिंग, मिक्सिंग और संपादन प्रदान करता है। कड़ी: https://www.cyberlink.com/
JoggAI	निःशुल्क AI-संचालित पॉडकास्ट स्क्रिप्ट और अवतार जनरेटर। कड़ी: https://www.jogg.ai/
Auphonic	स्वचालित ऑडियो लेवलिंग और शोर में कमी के लिए निःशुल्क योजना। कड़ी: https://auphonic.com/
SquadCast	निःशुल्क परीक्षण; स्टूडियो गुणवत्ता के साथ दूरस्थ रिकॉर्डिंग। कड़ी: https://squadcast.fm/
ज़ूम	दूरस्थ साक्षात्कार और रिकॉर्डिंग के लिए निःशुल्क टियर। कड़ी: https://zoom.us/
स्काइप	दूरस्थ पॉडकास्ट साक्षात्कार के लिए निःशुल्क कॉल और रिकॉर्डिंग। कड़ी: https://www.skype.com/
ओबीएस स्टूडियो	पॉडकास्ट रिकॉर्डिंग और लाइव स्ट्रीमिंग के लिए ओपन-सोर्स सॉफ़्टवेयर। कड़ी: https://obsproject.com/
स्ट्रीमयार्ड	लाइव स्ट्रीमिंग और साक्षात्कार रिकॉर्डिंग के लिए निःशुल्क योजना। कड़ी: https://streamyard.com/
रीस्ट्रीम	मल्टी-प्लेटफ़ॉर्म लाइव स्ट्रीमिंग के लिए निःशुल्क योजना। कड़ी: https://restream.io/
ट्रांजिस्टर	निःशुल्क परीक्षण; पॉडकास्ट होस्टिंग और एनालिटिक्स। कड़ी: https://transistor.fm/
ओमनी स्टूडियो	निःशुल्क परीक्षण; पॉडकास्ट होस्टिंग, एनालिटिक्स और प्रबंधन। कड़ी: https://omnystudio.com/
वेवफ़ॉर्म	पॉडकास्ट ऑडियोग्राम और सोशल क्लिप बनाने के लिए निःशुल्क योजना। कड़ी: https://www.waveform.com/
हेडलाइनर	साझा करने योग्य पॉडकास्ट वीडियो/ऑडियोग्राम बनाने के लिए निःशुल्क उपकरण। कड़ी: https://www.headliner.app/
कैनवा	पॉडकास्ट कवर आर्ट और सोशल मीडिया के लिए निःशुल्क डिज़ाइन उपकरण। कड़ी: https://www.canva.com/

अनुप्रयोग	विवरण और कड़ी
क्रिस्प	रिकॉर्डिंग के दौरान AI-संचालित शोर रद्दीकरण के लिए निःशुल्क योजना। कड़ी: https://krisp.ai/
ट्रेलो	पॉडकास्ट योजना के लिए निःशुल्क परियोजना प्रबंधन। कड़ी: https://trello.com/
Google Drive	पॉडकास्ट फ़ाइलों और सहयोग के लिए निःशुल्क क्लाउड संग्रहण। कड़ी: https://drive.google.com/
स्लैक	टीम संचार और पॉडकास्ट वर्कफ़्लो के लिए निःशुल्क योजना। कड़ी: https://slack.com/
TidyCal	पॉडकास्ट मेहमानों की बुकिंग के लिए निःशुल्क शेड्यूलिंग टूल। कड़ी: https://tidycal.com/
कैलेंडली	पॉडकास्ट साक्षात्कार शेड्यूल करने के लिए निःशुल्क योजना। कड़ी: https://calendly.com/

सारांश

- ऑडेसिटी सबसे लोकप्रिय मुफ़्त और ओपन-सोर्स संपादन टूल है। Apple उपयोगकर्ताओं के लिए GarageBand एक शीर्ष विकल्प है, जो मुफ़्त में प्रोलेवल सुविधाएँ प्रदान करता है।
- स्पाटिफाई फॉर क्रियेटर्स (पूर्व में एंकर) मुफ़्त होस्टिंग और वितरण के लिए सबसे अच्छा विकल्प है, जो पॉडकास्टिंग को सभी के लिए सुलभ बनाता है।
- रिमोट रिकॉर्डिंग में Zencastr, Riverside.fm और Cleanfeed जैसे टूल्स का बोलबाला है, जो मुफ़्त प्लान प्रदान करते हैं।
- Descript, Opus Clip, FireCut और GenFM जैसे AI-संचालित टूल संपादन, प्रतिलेखन और सामग्री पुनर्प्रयोजन के लिए तेज़ी से लोकप्रिय हो रहे हैं।
- वितरण और विश्लेषण के लिए मुफ़्त होस्टिंग प्लेटफ़ॉर्म (Buzzsprout, Podbean, Acast, Podomatic) आवश्यक हैं।
- सहयोग, योजना और डिजाइन को ट्रेलो, गूगल ड्राइव, कैनवा और स्लैक जैसे मुफ़्त टूल द्वारा समर्थित किया जाता है।

***

परिशिष्ट 6 - जनरेटिव AI के स्मार्ट प्रॉम्प्ट्स

एपिसोड आइडिया सुझाने के लिए

प्रॉम्प्ट: मुझे [विषय] पर पॉडकास्ट एपिसोड के 10 रोचक और अनोखे टॉपिक सुझाओ जो ट्रेंडिंग हों और नए श्रोताओं को तुरंत जोड़ें।

इंट्रो या आउट्रो स्क्रिप्ट के लिए

प्रॉम्प्ट: 30-45 सेकंड का एक catchy पॉडकास्ट [इंट्रो/आउट्रो] लिखो जो हल्के-फुल्के अंदाज़ में श्रोताओं को hook करे और शो के topic को समझाए।

एपिसोड के लिए शो नोट्स/सारांश तैयार करने के लिए

प्रॉम्प्ट: इस पॉडकास्ट ट्रांसक्रिप्ट को पढ़कर SEO-फ्रेंडली प्रोफेशनल शो नोट्स बनाओ, जिसमें मुख्य बिंदु, गेस्ट का परिचय, timestamp, संसाधन लिंक्स और strong CTA हो।

साक्षात्कार हेतु सवाल बनाने के लिए

प्रॉम्प्ट: मेरा गेस्ट [गेस्ट प्रोफाइल] है। उनके लिये [संख्या] insightful सवाल तैयार करो जो उनकी expertise को सामने लायें और ऑडियंस को value दे।

एपिसोड शीर्षक व विवरण लिखवाने के लिए

प्रॉम्प्ट: [विषय] पर पाँच viral-worthy title और 2-लाइन का compelling description तैयार करो जो clicks बढ़ाए।

सोशल मीडिया पोस्ट/रील स्क्रिप्ट तैयार करने के लिए

प्रॉम्प्ट: इस पॉडकास्ट एपिसोड को प्रमोट करने के लिए platform-specific content बनाओ: Instagram रील (30s), LinkedIn पोस्ट, और Twitter (X) थ्रेड।

***

संदर्भ

[1] P. Kotsthane. [Online]. Available: https://www.puliyabaazi.in/.

[2] A. Warikoo, "Woice with Warikoo," [Online]. Available: https://www.youtube.com/@WoicewithWarikoo.

[3] D. Chakrabarty, "Podcast Parikrama," [Online]. Available: https://parikrama.substack.com.

[4] D. Chakrabarty, "Dhwani Lok - You Tube," [Online]. Available: https://www.youtube.com/@dhwanilok.

[5] D. Chakrabarty, "The Indibloggies," [Online]. Available: https://indibloggies.blogspot.com/.

[6] D. Chakrabarty, "Chittha Vishwa - Hindi Blog Aggregator," [Online]. Available: https://bit.ly/chittha-vishwa.

[7] Various, "Nirantar - Hindi Webzine," [Online]. Available: http://nirantar.org/.

[8] Various, "Samayiki - Hindi Webzine," [Online]. Available: http://samayiki.com/.

[9] D. Chakrabarty, "Podbharati - Hindi Podcasting Platform," [Online]. Available: http://podbharati.com/.

[10] Various, "Buno Kahani - Collaborative Hindi Story Writing," [Online]. Available: http://bunokahani.blogspot.com/.

[11] various, "Anugunj - Collaborative Blogging," [Online]. Available: https://bit.ly/anugunj.

[12] Various, "Global Voices in Hindi," [Online]. Available: https://hi.globalvoices.org/.

[13] D. Chakrabarty, "Podcast Parikrama - Newsletter," [Online]. Available: http://parikrama.substack.com/.

[14] D. Chakrabarty, "the Agile Chronicles," [Online]. Available: http://agilechronicles.substack.com/.

[15] D. Chakrabarty, "Podbharati on YouTube," [Online]. Available: https://www.youtube.com/@podbharati.

[16] D. Chakrabarty, "#13: पॉडकास्टिंग के बीस साल," Podcast Parikrama, 23 Jul 2023. [Online]. Available: https://parikrama.substack.com/p/issue-13.

[17] D. Chakrabarty, "असाधारण है रियली सिंपल सिंडिकेशन," Nuktachini - Hindi Blog, 13 Jun 2005. [Online]. Available: http://nuktachini.debashish.com/53.

[18] "The Sadhguru Podcast," Isha Foundation, [Online]. Available: https://spoti.fi/41Zb9WX.

[19] J. Rogan, "The Joe Rogan Experience," [Online]. Available: https://www.joerogan.com/.

[20] R. Karan, "New-age storytellers: With podcast market booming, platforms & podcasters bet big," Financial Express, 12 Jan 2025. [Online].

[21] S. Koenig, "Serial," [Online]. Available: https://serialpodcast.org/season-one/.

[22] R. Ramesh, "Miss Conduct - a true-crime podcast," [Online]. Available: https://spoti.fi/4iW2MSN.

[23] S. Aalambayan, "The Male Feminist Podcast," [Online]. Available: https://bit.ly/4je2Cqf.

[24] S. Barttlet, "The Diary of a CEO," [Online]. Available: https://stevenbartlett.com/doac/.

[25] C. Brocha, "Cyrus Says," IVM, [Online]. Available: https://ivmpodcasts.com/cyrussays.

[26] M. M. Thomas, "Maed in India," [Online]. Available: https://www.maedinindia.in/maed-in-india.

[27] H. Hirway, "Sound Exploder," [Online]. Available: https://songexploder.net/.

[28] A. Doctor, "The Habit Coach," [Online]. Available: https://ivmpodcasts.com/the-habit-coach.

[29] T. Ferriss, "The Tim Ferriss Show," [Online]. Available: https://spoti.fi/4iW3ijH.

[30] "The Political Gabfest," Slate, [Online]. Available: https://slate.com/podcasts/political-gabfest.

[31] B. Simmons, "The Bill Simmons podcast," [Online]. Available: https://www.theringer.com/podcasts/the-bill-simmons-podcast.

[32] "Code Switch," NPR, [Online]. Available: https://www.npr.org/podcasts/510312/codeswitch.

[33] "How I built this?," NPR, [Online]. Available: https://www.npr.org/series/490248027/how-i-built-this.

[34] "Adobe Podcast," Adobe, [Online]. Available: https://podcast.adobe.com/.

[35] "Adobe Express - Create Podcast Cover," Adobe, [Online]. Available: https://www.adobe.com/in/express/templates/cover/podcast.

[36] "Spotify for Creators," Spotify, [Online]. Available: https://creators.spotify.com/.

[37] D. Jayaraman, "Play to Potential," [Online]. Available: https://spoti.fi/3SgDfbA.

[38] "Audacity - Download Page," [Online]. Available: https://www.audacityteam.org/download/.

[39] "Riverside.fm," [Online]. Available: https://riverside.fm/.

[40] "Auphonic," [Online]. Available: https://auphonic.com/.

[41] "Microsoft Designer," [Online]. Available: https://designer.microsoft.com/.

[42] "Canva," [Online]. Available: https://www.canva.com/.

[43] "Headliner App," [Online]. Available: https://www.headliner.app/.

[44] "Substack - Email Newsletters," [Online]. Available: https://www.substack.com.

[45] R. Janardhanan, "Choose To Thinq," 2025. [Online]. Available: https://www.youtube.com/watch?v=T9Tg3XuarWc.

[46] S. Hegde, "Finance with Sharan," [Online]. Available: https://www.youtube.com/@financewithsharan.

[47] "Patreon," [Online]. Available: https://www.patreon.com/.

[48] N. Murali, "Indian Noir," [Online]. Available: https://indiannoir.simplecast.com/.

[49] A. Mittal, "Voice of pod: Why entrepreneurs are turning into popular hosts of podcasts," The Economic Times, 24 Mar 2024. [Online]. Available: https://ecoti.in/9q41Za.

[50] "Audacy Creators," [Online]. Available: https://app.creators.audacy.com/.

[51] "Affiliate Program at Amazon," [Online]. Available: https://affiliate-program.amazon.in/.

[52] "Flipkart Associates Program," [Online]. Available: https://affiliate.flipkart.com/.

[53] "Buy Me A Coffee," [Online]. Available: https://buymeacoffee.com/.

[54] "Kofi," [Online]. Available: https://ko-fi.com/.

[55] A. Warikoo, "Web Veda," [Online]. Available: https://webveda.com/.

[56] K. Rawat, "Five top podcasts that have turned into movies and TV shows," Indian Express, 20 Sep 2020. [Online]. Available: https://indianexpress.com/article/entertainment/hollywood/five-top-podcasts-that-have-turned-into-movies-and-tv-shows-6599925/.

[57] "Discord," [Online]. Available: https://discord.com/servers.

[58] A. Verma, "The Seen Unseen," [Online]. Available: https://seenunseen.in/.

[59] "Amazon Alexa," [Online]. Available: https://alexa.amazon.in/.

[60] "Dave Winer Wikipedia page," [Online]. Available: https://en.wikipedia.org/wiki/Dave_Winer.

[61] "Podcast Standards Project (PSP)," [Online]. Available: https://podstandards.org/.

***

www.ingramcontent.com/pod-product-compliance
Lightning Source LLC
Chambersburg PA
CBHW071355230926
51846CB00002B/565
9789334292398